Fashion Cocktails

Fashion Cocktails

Drinks inspiriert von Stilikonen

Jennifer Croll

Daiana Ruiz

PRESTEL

MÜNCHEN · LONDON · NEW YORK

Inhalt

Einleitung

Wie bei den berühmtesten bewährten Style-Kombinationen – Jeans und weißes T-Shirt; schwarzes Kleid und High Heels –, bilden Cocktails und Mode ein ikonisches Paar. Ob wir bei der Präsentation einer neuen Kollektion miteinander anstoßen oder auf einer Party in einem textilen Vintage-Fundstück ein Gläschen trinken – wir feiern oft mit stilvollen Drinks, wenn wir uns besonders gekleidet haben.

Ähnlich wie die Outfits, die wir wählen, können auch die Cocktails, die wir trinken, viel darüber verraten, wer wir sind und was wir der Welt mitteilen wollen. Wer sich schick gemacht hat und das luxuriöse Leben feiert, dem steht der Sinn vielleicht nach etwas Buntem, Prickelndem oder auf Champagner Basierendem. Wer eher der coole, stille Typ ist, der in Jeans gekleidet solo an der Bar sitzt, verlangt womöglich nach einem Old Fashioned. Und wer sich nach einer Yogastunde die Sonne ins Gesicht scheinen lässt, gönnt sich vielleicht einen alkoholfreien Cocktail. Ähnlich wie Mode können sich auch Drinks an unsere Stimmung und Persönlichkeit anpassen – es gibt für alle einen passenden Cocktail.

Und ebenso, wie es ein gängiges Ritual ist, sich in Schale zu werfen und einen besonderen Drink zu genießen, ist es auch eine altehrwürdige Tradition, Cocktails nach Menschen zu benennen, die wir bewundern. Es gibt keinen Mangel an solchen Hommage-Drinks – man denke etwa an den Shirley Temple oder den Mary Pickford. Der wohl berühmteste historische Cocktail, der nach einer Mode-Ikone benannt wurde, ist der Beau Brummell. Geboren im England des späten 18. Jahrhunderts war dieser britische Gentleman einer der ersten »Dandys« und löste einen Trend aus, bei dem die Herren sorgfältig geschneiderte Kleidung sowie akkurat gewickelte Halstücher trugen und ihre Stiefel mit Champagner polierten. Der nach Brummell benannte Cocktail besteht aus Whiskey, Orangensaft, Prunella-Likör und Zuckersirup. (Heutzutage ist es vielleicht einfacher, einen Whiskey Sour zu bestellen, einen ähnlichen Drink mit leichter erhältlichen Zutaten.)

6

Fashion Cocktails: Drinks inspiriert von Stilikonen huldigt sechzig Mode-Ikonen (vom 20. Jahrhundert bis heute) mit Drinks, die das Leben, die Persönlichkeit und den Stil ihrer Namensgeber*innen widerspiegeln. Je nach Stimmung kann man hier den Cocktail wählen, der zu einem passt – ob man sich nun wie ein souveräner, produktiver Karl Lagerfeld fühlt, und zu einem Drink mit Prosecco und Chambord greift (Seite 20), wie eine fröhliche, kraftvolle Lizzo, und Erdbeer-Rhabarber-Sirup und Wodka verwendet (Seite 32), oder wie ein grüblerischer, ikonoklastischer Yōji Yamamoto, und Tintenfischtinte mit Tequila mischt (Seite 64). Ich hoffe, dass dieses Buch inspiriert und dass die kreativen und modeversierten Persönlichkeiten auf den nächsten Seiten zu dem einen oder anderen neuen Lieblings-Outfit führen – und zu dem einen oder anderen neuen Lieblings-Cocktail.

Jennifer Croll

7

Grundausrüstung

Um Cocktails wie ein Profi zu mixen, benötigt man ein paar Gerätschaften.

Shaker

Shaker gibt es in verschiedenen Varianten. Am einfachsten zu verwenden ist der Standard-Shaker, bestehend aus drei Teilen: Edelstahlbecher, Aufsatz mit Sieb und Verschlusskappe. Eine weitere Option ist ein Boston Shaker, der aus zwei etwa gleich großen, schräg ineinandergesteckten Elementen besteht: einem Edelstahlbecher und einem etwas kleineren aus Glas oder Edelstahl. Wer diesen Shaker verwendet, muss auch ein Barsieb kaufen, da beim Boston Shaker kein Sieb integriert ist. Boston Shaker sind bei professionellen Barkeeper*innen sehr beliebt, da sie unkompliziert zu handhaben und leicht zu reinigen sind. Sie eignen sich am besten, wenn man verschiedene Cocktails zubereiten möchte.

Barsieb

Ein Barsieb benötigt man, wenn man einen Boston Shaker benutzt. Es gibt verschiedene Arten: Ein Hawthorne Strainer passt sich dank seiner flexiblen Stahlspirale exakt dem Durchmesser der Shaker-Öffnung an und ist für die meisten Cocktails ausreichend. Für manche Drinks wie Martinis sollte allerdings ein feineres Sieb verwendet werden, um zu verhindern, dass kleine Eis- oder Zitrusstücke die glatte Beschaffenheit des Drinks ruinieren.

Jigger/Shot-Messbecher

Ein »Jigger« (oder Shot-Messbecher) wird zum Abmessen von Alkohol oder anderen Flüssigkeiten für Cocktails verwendet. Man bekommt ihn in verschiedenen Größen, in der Regel 30–60 ml (es gibt ihn aber auch kleiner oder größer).

Mixingglas/Rührglas

Nicht alle Cocktails werden geschüttelt. Für diejenigen, die gerührt werden, benötigt man ein Rührglas. Dies mag ein speziell für diesen Zweck hergestelltes Mixingglas sein, man kann aber auch einfach ein hohes Bierglas verwenden.

Barlöffel

Ein langstieliger, schmaler Löffel, der zum Rühren von bestimmten Cocktails dient, manchmal auch zum Abmessen benötigter Flüssigkeiten; seine Füllmenge entspricht 1 TL.

8

Barstößel/Muddler

Dieses Werkzeug hilft dabei, Früchte, Kräuter oder Gewürze am Boden des Glases zu zerstoßen. Barstößel gibt es aus Holz, Edelstahl oder Kunststoff, wobei die Metallvarianten tendenziell eine längere Lebensdauer haben.

Zitruspresse

Für das Entsaften von Zitrusfrüchten braucht man nicht unbedingt eine High-End-Saftpresse. Es gibt verschiedene Varianten, aber die einfachste ist die Handpresse, mit der man Zitronen- oder Limettenhälften entsaften kann.

Mixgerät

Wer smoothieartig gemixte Drinks herstellen möchte, benötigt einen Mixer. Das Gerät muss nicht teuer oder hochwertig sein, aber es muss Eis zerkleinern können, ohne Schaden zu nehmen.

Eisrasierer/Eisschaber

Geschabtes Eis sieht ziemlich schick aus und ist eine tolle Basis für erfrischende, sorbetartige Cocktails für heiße Tage. Handbetriebene Modelle gibt es bereits für unter 50 Euro, die elektrischen können allerdings sehr viel teurer sein.

Schlüssel

1 Shot = 30 ml
* kennzeichnet Low-ABV-Drinks (Cocktails mit geringerem Alkoholgehalt als herkömmliche Cocktails, 4–7 %).
** kennzeichnet Zero-Proof-Drinks (alkoholfreie Cocktails).

Gläser

Die Präsentation ist Teil des Cocktail-Vergnügens, und Gläser sind ein wichtiger Aspekt dabei. Viele Drinks werden traditionell in einer bestimmten Art von Glas serviert – ein gutes Beispiel ist das Martiniglas, das speziell für den namensgebenden Drink entwickelt wurde. Allerdings muss man bei den Gläsern nicht dogmatisch sein; es gibt immer Raum für Experimente, und manchmal werden Cocktails in Gefäßen serviert, die ursprünglich gar nicht für diesen Zweck gedacht waren, wie etwa Einweckgläser mit Schraubdeckel.

Highball-, Collins- oder Longdrinkglas

Highball- und Collinsgläser sind sich sehr ähnlich und werden oft austauschbar für Longdrinks verwendet. Beide Varianten sind hohe, schmale Bechergläser, die zum Servieren von Mixgetränken gedacht sind (wobei das Collinsglas etwas schmaler und höher ist).

Martini- oder Cocktailglas

Wie Highball- und Collinsgläser sehen auch Martini- und Cocktailgläser ähnlich aus, wobei Cocktailgläser etwas kleiner sind. Beide Varianten haben eine konische, nach unten hin spitz zulaufende Form und sind für Drinks gedacht, die ohne Eis serviert werden.

Rocksglas

Das Rocksglas (auch Felsen-, Old-Fashioned-, Whiskey-, Lowballglas oder Tumbler genannt) ist kurz, mit massivem, stabilem Boden, und es wird typischerweise vorgekühlt verwendet – für Drinks, die nicht durch Eiszugabe verwässert werden sollen.

Cocktailschale

Dieses edle Schalenglas mit Stiel (auch Coupette oder Coupe genannt) wurde ursprünglich für Champagner entworfen, aber die breite Öffnung lässt die prickelnden Bläschen schnell entweichen. Heute verwendet man es gerne für Cocktails, die »straight up« serviert werden, also ohne Eiszugabe.

Sektflöte

Dank seiner hohen, schlanken Form hat dieses Glas nur eine kleine Öffnung, was verhindert, dass sich die Kohlensäure prickelnder Drinks zu schnell verflüchtigt. Sekt- oder Champagnerflöten sind ideal für Cocktails, die mit Schaumwein zubereitet werden.

10 Weinglas

Weingläser eignen sich nicht nur für reinen Rebensaft, sondern auch für Mixgetränke wie etwa Sangria.

Hurricaneglas
Hurricanegläser haben eine ausgeprägte Tulpenform und werden zum Servieren von tropischen Drinks oder Tiki-Cocktails verwendet.

Nick & Nora
Irgendwo zwischen einer Coupette und einem Cocktailglas ist das Nick & Nora ein elegantes Stielglas mit einem etwas schmaleren Rand und längeren Stiel als seine beiden Konkurrenten. Ein schönes Glas für jeden Drink, der ohne Eiszugabe serviert wird.

Copa de Balón
Das Copa de Balón ist ein kugelförmiges Stielglas, das einem Rotweinglas ähnelt. Es wird typischerweise für spanische Gin-Cocktails oder einen portugiesischen Porto Tónico verwendet.

Tiki-Becher oder -glas
Retrotropische Tiki-Bars verwenden spezielle Cocktailgefäße. Am gebräuchlichsten sind hohe, geradwandige Becher mit Verzierungen im Stil polynesischer Tiki-Schnitzereien, aber auch ausgehöhlte Ananas oder große Gemeinschaftsschalen. Tiki-Drinks setzen gerne auf tropische Aromen wie Ananas, Kokosnuss oder Rum und sind oft ziemlich hochprozentig.

Einweckglas
Einweckgläser sind eigentlich zum Konservieren von Lebensmitteln gedacht, in letzter Zeit aber auch beim Servieren von Cocktails sehr angesagt. Bonus: Wenn man sie mittels Schraubdeckel verschließt, kann man den Drink bequem zum Picknick mitnehmen.

Cocktail–Zutaten

Cocktails leben von der geschickten Kombination von Aromen, um ein ausgewogenes und köstliches Getränk zu kreieren. Hier einige der Zutaten, sortiert nach der Häufigkeit der Verwendung:

Alkoholhaltige Spirituosen

Die meisten Cocktails enthalten Alkohol, den es in vielen verschiedenen Sorten gibt. Dunkle Spirituosen (Single Malt, Bourbon, dunkler Rum) sind kräftiger, reichhaltiger und intensiver, während hellere (Wodka, Gin, Tequila Blanco) leichter und frischer im Geschmack sind. Likörweine sorgen für eine süße, komplexe Note, während Bitterliköre und andere Bitterstoffe Herbheit und Klarheit einbringen. Liköre, manchmal anstelle von Einfachem Sirup verwendet, bringen süße Aromen ein – oft Fruchtnoten, aber auch Nuss-, Kaffee- und Blütenaromen sind üblich.

Aromatisierte Spirituosen

Aromatisierter Alkohol kann die Komplexität eines Cocktails erhöhen. Alles, was man braucht, ist eine neutrale Spirituose (Wodka ist der am häufigsten verwendete Alkohol zum Aromatisieren, man kann im Grunde aber alles Mögliche verwenden) und die gewünschten Aromaträger wie etwa Kräuter, Gewürze oder Früchte. Man mischt Aromaträger und Alkohol in einem sauberen, luftdicht verschließbaren Glasbehälter (wie etwa einem Einweckglas), verschließt ihn fest und lässt ihn an einem kühlen und dunklen Ort stehen, bis die Flüssigkeit genug Aroma aufgenommen hat. Anschließend wird die Flüssigkeit abgeseiht und bis zur Verwendung in einem luftdicht verschlossenen Behälter aufbewahrt. Einige Zutaten (wie Jalapeño-Schoten) brauchen nur ein paar Stunden zum Ziehen – während andere (wie etwa Ingwer oder Zitronengras) bis zu 1 Woche benötigen.

Alkoholfreie Spirituosen

Menschen, die keinen Alkohol konsumieren, können trotzdem interessante Cocktails genießen, und nicht-alkoholische Destillate können dabei helfen. So ist beispielsweise Seedlip, das in verschiedenen Geschmacksprofilen erhältlich ist, eine tolle Möglichkeit, verschiedene alkoholfreie Cocktails um aufregende Aromen zu ergänzen. Andere Produkte imitieren bestimmte Alkoholsorten, wie etwa MONDAY Zero Alcohol Gin, Lyre's Dark Cane Spirit Rum oder Ritual Zero Proof Tequila – um nur einige zu nennen. Dennoch sollten alkoholfreie Spirituosen als eigenständige Kategorie betrachtet werden und nicht als 1:1-Ersatz: Bei Cocktails dreht sich alles um die Balance, und es ist ratsam, zu experimentieren,

12

um sicherzustellen, dass im jeweiligen Drink auch wirklich alles harmonisch funktioniert.

Zitrussäfte

Viele Cocktail-Rezepte enthalten Zitrussäfte (meistens Zitrone oder Limette), wobei man immer frisch gepressten Saft verwenden sollte.

Einfacher Sirup

Diese Zucker-Wasser-Mischung (im Englischen »Simple Syrup«) wird zum Süßen von Cocktails verwendet. Die gebräuchlichste Version nutzt ein 1:1-Verhältnis von Zucker zu Wasser, obwohl einige Rezepte nach einem »reichen« Sirup verlangen, der im 2:1-Verhältnis zubereitet wird. Um den Zuckersirup selbst herzustellen, erhitzt man Rohrzucker und Wasser in einen Kochtopf bei mittlerer Temperatur, bis sich der Zucker aufgelöst hat und die Flüssigkeit klar ist, eventuell entstehender Schaum wird abgeschöpft. Luftdicht in Flaschen gefüllt, hält sich der Sirup im Kühlschrank bis zu 1 Monat. Auf den Seiten 16–18 finden sich Rezepte für verschiedene aromatisierte Sirup-Arten.

Bitter

Cocktailbitter sind herbe Aromastoffe, die Mixgetränken tropfen- oder spritzerweise beigemengt werden, um komplexere Geschmacksprofile zu erzeugen. Es gibt verschiedene Arten von Bitter: aromatische (starke botanische Aromen; Angosturabitter), zitruslastige (Orange ist die häufigste Variante), außerdem kräuter-, gewürz-, frucht- und nussbasierte.

Shrubs

Shrubs sind Trinkessige auf Fruchtbasis, die Cocktails eine säuerliche Frische verleihen. Man kann Shrubs mit einer »heißen« (marmeladeähnlichen) oder einer »kalten« (fruchtigeren) Methode herstellen. Die heiße Methode ähnelt der Zubereitung eines aromatisierten Sirups: Man kocht frische Früchte in Zuckerwasser und fügt dann Essig hinzu. Bei der kalten Methode legt man frisches Obst in Zucker ein, lässt es durchziehen und mengt dem sich bildenden Sirup Essig bei.

Eier & Aufschäummittel

In manchen Cocktailrezepten wird frisches Ei oder Eiklar verwendet, um einen seidigen Schaum auf der Oberfläche des Drinks zu erzeugen. Wer eine vegane Variante bevorzugt, kann alternativ Aquafaba verwenden – die Abgießflüssigkeit, die in einem Glas Kichererbsen enthalten ist (1 durchschnittliches Eiweiß entspricht etwa 30 ml).

13

Garnituren & Krusten

Garnituren und Krusten am Glasrand sind die Accessoires der Cocktailwelt; sie helfen, ein Getränk zu verzieren und seinen Look zu vervollkommnen. Hier einige simple Möglichkeiten, die selbst den einfachsten Drink besonders aussehen lassen:

Zitrusfrüchte & -schalen

Die am häufigsten und vielseitigsten verwendeten Cocktail-Garnierungen sind Zitrusfrüchte. Sie werden entweder als Zitrusrad hinzugefügt – ein dünner, kreisförmiger Querschnitt durch die ganze Frucht –, um eine lustige, tropische Optik zu erzeugen, oder als Zitrusspalte (die bekannte Bar-Garnierung), deren Saft man in das Getränk pressen kann. Ein Zitrustwist ist die eleganteste Variante: Hierfür wird mit einem Sparschäler oder Messer ein dünner Streifen Zitrusschale abgehobelt, um einen Trinkhalm (oder Ähnliches) gewickelt, um ihm eine Spiralform zu geben, und dann über den Rand eines Glases oder in das Getränk gelegt. Es geht schnell, sieht raffiniert aus und verleiht dem Drink sowohl das Aroma als auch den Geschmack von Zitrusöl. Bei Zitrusschalen ist es wichtig, unbehandelte Früchte zu verwenden.

Obst & Gemüse

Zitrusfrüchte sind nicht die einzige Garnitur im Reich der Cocktails, man kann auch Kirschen, Ananas, Äpfel, Erdbeeren, Gurken und vieles mehr verwenden. Man schneidet einen senkrechten Schlitz in ein mundgerechtes Stück Frucht und steckt es auf den Rand des Glases, oder man spießt es auf einen Cocktailspieß und legt diesen quer über das Glas.

Essbare Blüten

Blüten sorgen bei einem Cocktail für eine üppige, florale Ästhetik. Es gibt viele verschiedene Arten geeigneter Blüten, einschließlich essbarer Gartenblumen wie Kornblumen, Kapuzinerkresse, Stiefmütterchen, Kürbisblüten und Löwenzahn. Wer keine Lust hat, das Blumenbeet zu plündern, findet in Spezialgeschäften oft essbare Blüten in der Abteilung für frische Kräuter.

14

Kräuter

Kräutergarnituren können von dezent (ein zartes Salbeiblatt) bis geradezu wild und überwuchernd (mehrere Zweiglein Minze oder Basilikum) reichen. Kräuter sehen

nicht nur hübsch aus, sondern verleihen dem Cocktail auch betören-
de Aromen, die man bei jedem Schluck mit der Nase wahrnehmen
kann. Bevor man eine Kräutergarnitur hinzufügt, drückt man sanft
auf die Blätter, um deren ätherische Öle freizusetzen – aber nicht so
fest, dass sie optisch Schaden nehmen.

Trinkhalme
Auf Plastik-Trinkhalme sollte man der Umwelt zuliebe verzichten
und sich für wiederverwendbare Trinkhalme aus Edelstahl oder Glas
entscheiden. Die sehen auch viel hochwertiger aus.

Krusten & Zierränder
Die erste Erfahrung mit einer Cocktail-Kruste ist für viele der
gesalzene Rand eines Margaritaglases, aber es gibt diverse Varianten.
Man kann Zucker oder Salz verwenden und mit unterschiedlichen
Kräutern und Gewürzen experimentieren (wie etwa eine Chi-
li-Salz- oder Zimt-Zucker-Mischung). Um einen Glasrand mit einer
Kruste zu versehen, verteilt man die gewünschte Streumischung
in einer dünnen Schicht auf einem kleinen Teller, fährt mit einem
Limetten- oder Zitronenschnitz über den Rand des Glases, um ihn
anzufeuchten, und stippt das Glas dann kopfüber in die vorbereitete
Streumischung.

15

Sirupe

Eine der häufigsten Cocktail-Zutaten ist Sirup, und dieser lässt sich schnell und unkompliziert zu Hause herstellen. Simples Zuckerwasser kann als Basis für eine Vielzahl von aromatisierten Sirupen dienen.

Einfacher Sirup

In einem kleinen Kochtopf 120 ml Wasser und 100 g Rohrzucker sanft zum Simmern bringen und rühren, bis sich der Zucker aufgelöst hat. Wenn gewünscht, die jeweiligen Aromaträger hinzufügen, dann den Sirup bei geschlossenem Deckel abkühlen lassen. Zuletzt die Aromaträger entsorgen und den aromatisierten Sirup in einer sterilisierten, luftdicht verschlossenen Glasflasche bis zu 1 Woche im Kühlschrank aufbewahren. Nicht aromatisierter Einfacher Sirup kann luftdicht in eine sterilisierte Flasche abgefüllt bis zu 1 Monat gekühlt aufbewahrt werden.

Aromatisierte Sirupe

Açaí-Sirup: In einem kleinen Kochtopf 100 g ungesüßtes Açaí-Püree (gefroren in Lebensmittelgeschäften erhältlich) mit 100 g Rohrzucker vermengen. Bei mittlerer Temperatur unter Rühren erhitzen, bis sich der Zucker auflöst. Abkühlen lassen.

Bananen-Sirup: In einem kleinen Kochtopf 30 g Bananenchips und 1 Rezeptmenge Einfachen Sirup zum Simmern bringen. 5 Minuten simmern lassen, abkühlen lassen und durch ein Sieb abseihen, die Bananenchips entsorgen. Bei geschlossenem Deckel abkühlen lassen. Das Öl von der Oberseite des Sirups abschöpfen.

Blaubeer-Minz-Sirup: In einem kleinen Kochtopf 5 Blätter frische Minze (zerpflückt), 65 g Blaubeeren und 1 Rezeptmenge Einfachen Sirup zum Simmern bringen. 5 Minuten simmern lassen, dann abkühlen lassen. Durch ein Sieb abseihen.

Schmetterlingserbsenblüten-Sirup: In einem kleinen Kochtopf 1 EL Schmetterlingserbsenblüten (»Butterfly Pea Tea«) und 1 Rezeptmenge Einfachen Sirup zum Simmern bringen und ziehen lassen, bis die gewünschte Färbung erreicht ist. Durch ein Sieb abseihen. Abkühlen lassen.

Kirsch-Thymian-Sirup: In einem kleinen Kochtopf 6 große Kirschen, 3 kleine Zweige frischen Thymian und 1 Rezeptmenge Einfachen Sirup zum Simmern bringen. Die Kirschen mit dem Löffel leicht zerdrücken. Abkühlen lassen und durch ein Sieb abseihen.

Kokoswasser-Sirup: 100 g Rohrzucker und 120 ml Kokoswasser im Kochtopf bei mittlerer Temperatur erhitzen, bis sich der Zucker aufgelöst hat, dann abkühlen lassen.

Hibiskusblüten-Sirup: 1 Rezeptmenge Einfachen Sirup im Topf erhitzen, 15 g getrocknete Hibiskusblüten hinzugeben und alles 5 Minuten simmern lassen, bis die Flüssigkeit tief magentafarben ist. Durch ein Sieb abseihen und abkühlen lassen.

Jalapeño-Sirup: Im Topf ½ große Jalapeño (in dünne Ringe geschnitten) mit 1 Rezeptmenge Einfachem Sirup zum Simmern bringen. 1 Minute simmern, dann abkühlen lassen. Durch ein Sieb abseihen.

Jasminblüten-Sirup: In einem kleinen Kochtopf 5 g getrocknete Jasminblüten und 1 Rezeptmenge Einfachen Sirup zum Simmern bringen. 2–3 Minuten simmern, dann abkühlen lassen. Abseihen.

Kiwi-Basilikum-Sirup: In einem kleinen Kochtopf 1 Kiwi (in kleine Stücke geschnitten), 4 große Basilikumblätter und 1 Rezeptmenge Einfachen Sirup 3–4 Minuten simmern, dann abkühlen lassen. Durch ein Sieb abseihen.

Mango-Nelken-Sirup: ½ geschälte Mango mit 120 ml Wasser im Mixgerät pürieren. Mit 100 g Rohrzucker und 1 TL Gewürznelken im Kochtopf 5 Minuten simmern lassen. Abseihen und abkühlen lassen.

Masala-Sirup: Im Topf 10 zerstoßene grüne Kardamomkapseln, 1 Zimtstange, 1 TL Gewürznelken, 1 geriebenes Stück Ingwer und 1 Rezeptmenge Einfachen Sirup zum Simmern bringen. 5 Minuten simmern lassen. Vom Herd nehmen und abkühlen lassen. Abseihen.

Matcha-Sirup: In einem kleinen Kochtopf 1 TL Matcha-Pulver mit 120 ml Wasser und Rohrzucker vermengen. Zum Simmern bringen und den Matcha mit dem Schneebesen einrühren, bis die Mischung glatt ist. Abkühlen lassen.

Orangenblüten-Sirup: 1 Rezeptmenge Einfachen Sirup in einem kleinen Kochtopf zum Simmern bringen. 4–5 Tropfen Orangenblütenwasser hinzufügen, umrühren und abkühlen lassen.

17

Pistazien-Sirup: 35 g geschälte Pistazienkerne im Universalzerkleinerer fein zerhäckseln. Im Kochtopf mit 1 Rezeptmenge Einfachem Sirup vermengen. Zum Simmern bringen und 5 Minuten simmern lassen, dann abkühlen lassen. Durch ein feines Sieb abseihen.

Himbeer-Sirup: Im Kochtopf 35 g Himbeeren und 1 Rezeptmenge Einfachen Sirup zum Simmern bringen. 5 Minuten simmern lassen. Abseihen und dann abkühlen lassen.

Rooibos-Sirup: 120 ml Wasser im Kochtopf zum Simmern bringen und 1 Rooibos-Teebeutel hineingeben. 5 Minuten ziehen lassen. Den Teebeutel entsorgen. 100 g Rohrzucker im Tee unter Simmern auflösen, dann vom Herd nehmen und abkühlen lassen.

Rosmarin-Sirup: Im Kochtopf 2 Zweige Rosmarin und 1 Rezeptmenge Einfachen Sirup 5 Minuten lang simmern und dann abkühlen lassen. Durch ein Sieb abseihen.

Rosenwasser-Sirup: Im Kochtopf 1 Rezeptmenge Einfachen Sirup zum Simmern bringen. 4–5 Tropfen Rosenwasser untermengen. Dann abkühlen lassen.

Safran-Ingwer-Sirup: 1 Rezeptmenge Einfachen Sirup im Kochtopf zum Simmern bringen und rühren, bis der Zucker aufgelöst ist. ½ TL Safranfäden und ein 5 cm langes Stück Ingwer (in kleine Stücke geschnitten) hinzufügen und 15 Minuten simmern lassen. Abkühlen lassen, dann durch ein Sieb abseihen.

Tintenfischtinten-Sirup: 1 Rezeptmenge Einfachen Sirup im Kochtopf zum Simmern bringen und ½ TL Tintenfischtinte unterrühren, bis sie sich vermengt hat. Abkühlen lassen.

Erdbeer-Chili-Sirup: In einem kleinen Kochtopf 65 g gehackte Erdbeeren, 2 gehackte Thai-Chilis und 1 Rezeptmenge Einfachen Sirup zum Simmern bringen, dann abkühlen lassen. Durch ein Sieb abseihen.

Erdbeer-Rhabarber-Sirup: In einem kleinen Kochtopf 30 g gehackte Erdbeeren, 25 g gehackten Rhabarber und 1 Rezeptmenge Einfachen Sirup zum Simmern bringen. 5 Minuten simmern lassen, dann durch ein Sieb abseihen. Abkühlen lassen.

Vanille-Sirup: 1 TL Vanille-Extrakt unter 1 Rezeptmenge noch warmen Einfachen Sirups rühren und dann alles abkühlen lassen.

Andere Zutaten

Avocado-Wodka: 120 ml Wodka und ½ geschälte und entkernte Avocado im Mixer pürieren. Durch ein feines Sieb abseihen (kann etwas dauern, denn die Mischung ist dickflüssig!). Kühl stellen.

Geklärter Limettensaft: 2 Limetten auspressen und den Saft zuerst durch ein feines Sieb und dann 2-mal durch je 1 frischen Kaffeefilter abseihen (das kann eine Weile dauern!). Am Ende sollte ein klarer, heller Limettensaft entstanden sein, der sofort verwendet werden sollte. (Diese Methode funktioniert auch mit anderen Zitrussäften.)

Pfirsich-Wodka: 120 ml Wodka und 90 g Fuzzy-Peach-Bonbons (oder vergleichbare säuerlich-süße Kaubonbons) in ein Einweckglas geben. Verschließen und 24 Stunden durchziehen lassen. Abseihen, eventuelle Bonbonreste entsorgen.

Ingwer-Zitronen-Tee: 1 Teebeutel Ingwer-Zitronen-Tee in einer Tasse mit heißem Wasser übergießen und 5 Minuten ziehen lassen. Den Teebeutel entsorgen und die Flüssigkeit abkühlen lassen

Grüner-Apfel-Shrub: 1 in kleine Stücke geschnittenen Granny Smith Apfel (inklusive Schale) mit 120 ml Weißweinessig und 100 g Rohrzucker im Kochtopf 5 Minuten lang auf niedriger Stufe simmern lassen. Abseihen und abkühlen lassen.

Lavendel-Zitronen-Eiswürfel: 1 Shot frisch gepressten Zitronensaft, ¾ Shot Einfachen Sirup und 1 Spritzer zum Verzehr geeignetes Bio-Lavendelwasser in einem Messbecher mit Ausguss vermischen. In die Mulden einer Eiswürfelform gießen (ergibt etwa 3 Standard-Eiswürfel). Im Tiefkühlgerät gefrieren lassen.

Zitronengras-Wodka: 2 Stängel fein gehacktes Zitronengras (ohne die holzigen Teile) in ein verschließbares Glasgefäß geben und mit 240 ml Wodka aufgießen. Schütteln und etwa 5 Stunden ziehen lassen. Abseihen und in einem luftdicht verschlossenen Glasgefäß aufbewahren (oder gleich verwenden).

Rosé-Eiswürfel: ½ Flasche Rosé in eine Eiswürfelform füllen und im Tiefkühlgerät gefrieren lassen.

19

Wassermelonen-Gin: Im Mixer 145 g Wassermelonenfruchtfleisch und 120 ml Gin pürieren. Durch einen Kaffeefilter abseihen (luftdicht verschlossen bis zu 1 Woche kühlen).

Karl Lagerfeld

1933–2019

Karl Lagerfeld hatte immer den Anspruch, »königlich« zu sein – und prägte fast 65 Jahre lang gebieterisch, ausgefallen und einprägsam die Welt der Mode.

Er stammte nicht aus einer aristokratischen Familie. Aber schon in jungen Jahren kleidete er sich in Jackett sowie Krawatte und kämmte sein langes Haar mit Pomade zurück – ein auffälliger Look, der den homosexuellen Lagerfeld unter den Jugendlichen im Deutschland des Zweiten Weltkriegs auffallen ließ. Nach dem Krieg floh er nach Paris und schrieb sich an der Modeschule ein, um Couturier zu werden.

Er arbeitete in den legendären Mode-Häusern Balmain und Patou, bevor er bei Chloé landete, wo ihn seine Konfektionskreationen reich machten. Und sein eigener Look wurde ebenso berühmt: In schwarzen Lackstiefeln, mit Fliege und im bodenlangen Pelzmantel zog er durch die Stadt, begleitet von einer glamourösen Entourage modischer amerikanischer Hippies, deren Rechnungen er übernahm, was Gerüchte aufkommen ließ, er stamme »aus reichem Hause«.

1982 wagte Lagerfeld einen kühnen Schritt, der den Rest seiner Karriere bestimmen sollte: Er kehrte zur Couture zurück, indem er die Zügel im Hause Chanel übernahm, das nach dem Tod seiner Namensgeberin schwer zu kämpfen hatte. Er transformierte die Ästhetik der Marke von praktisch und konservativ zu unorthodox, grenzüberschreitend und (nach Meinung mancher) sogar vulgär, mit Kleidung, die SM-Referenzen enthielt und mit auffälligen Chanel-»C«-Logos geschmückt war. Als er weltweit berühmt wurde, vervollkommnete Lagerfeld auch seinen eigenen Look, verlor 46 Kilo durch eine Crash-Diät und legte sich seine ikonische »Uniform« zu, bestehend aus engen schwarzen Anzügen oder hautengen Jeans, kombiniert mit fingerlosen schwarzen Handschuhen und dunkler Brille. Als er 2019 starb, hinterließ er sein Vermögen angeblich seiner durch Instagram berühmt gewordenen Katze Choupette.

Der Cocktail namens Karl Lagerfeld ist wie für Könige gemacht – inspiriert von einem Kir Royal, variiert durch die samtig weichen Aromen von Himbeere und Vanille.

Für den Cocktail

½ Shot Chambord
½ Shot Galliano Vanilla
1 Spritzer Angosturabitter
6 Shots Prosecco, gekühlt
Kruste: goldener Glitzerzucker

Den Rand einer Sektflöte mit einer Glitzerzucker-Kruste verzieren. Chambord und Galliano in die Sektflöte gießen und 1 Spitzer Angosturabitter hinzufügen. Mit dem Prosecco aufgießen.

20

Iman

geb. 1955

Für den Cocktail*

1 Shot Averna
1 Shot Triple Sec
½ Shot Zitronensaft,
frisch gepresst
½ Shot Einfacher Sirup
(Seite 16)
Eiswürfel
3 Shots Sodawasser
Garnitur: Zitronentwist

Alle Zutaten (bis auf das Sodawasser) in einen mit Eis gefüllten Shaker füllen und kräftig
schütteln. In ein mit Eis gefülltes
Collinsglas abseihen und mit
dem Sodawasser auffüllen. Mit
einem Zitronentwist garnieren
und mit einem Glas-Trinkhalm
servieren.

* Dies ist ein Low-ABV-Cocktail.

Imans Geschichte liest sich wie ein Märchen: Eine junge Frau wird auf der Straße entdeckt und avanciert zur Mode-Ikone. Doch Imans Erfolg ist kein Zufall; sie gelangte durch ihre eigene stählerne Ent-schlossenheit dorthin, wo sie jetzt ist.

Als Iman Abdulmajid 1975 entdeckt wurde, war sie Studentin der Politikwissenschaften und besuchte mit einem Stipendium die Universität von Nairobi. Ihre Familie war aus Somalia geflüchtet, mit nichts als den Kleidern am Leib. Als Iman eines Tages zu einer Vorlesung ging, wurde sie von einem Mann angesprochen, der sie fotografieren wollte. Sie willigte zögerlich ein, und als jener Mann – der Modefotograf Peter Beard – ihre Bilder an die Model-Agentin Wilhelmina Cooper schickte, änderte sich alles. Iman wurde nach New York eingeladen, erschien bald auf den Seiten der *Vogue* und lief für große Designer wie Yves Saint Laurent und Halston über den Laufsteg. Calvin Klein beschrieb sie folgendermaßen: »Sie strahlte Stil aus. Sie war ein Naturtalent.«

Als eines der ersten berühmten schwarzen, muslimischen Models musste sich Iman gegen den Rassismus innerhalb der Branche wehren. Sie widersetzte sich denen, die sie zu einem Kräftemessen mit Beverly Johnson anstachelten, dem bekanntesten schwarzen Model jener Zeit, und sie nahm eine Auszeit, bis sie die gleiche Bezahlung wie ihre weißen Kolleginnen erhielt.

Iman zog sich vom Modeln zurück, nachdem sie 1983 bei einem tragischen Taxi-Unfall mehrere Knochenbrüche erlitten hatte. 1990 lernte sie die Liebe ihres Lebens kennen: Rock-Ikone David Bowie, den sie 1992 heiratete (und dessen Frau sie bis zu Bowies Tod im Jahr 2016 blieb).

1994 gründete Iman ihr eigenes Unternehmen, IMAN Cos-metics, das sich – damals revolutionär – auf Farbtöne für Women of Color spezialisierte. Die Marke ist bis heute erfolgreich und ebnete den Weg für andere WOC-zentrierte Kosmetikhersteller wie etwa Fenty Beauty.

Groß und elegant – dieser Cocktail, der Iman gewidmet ist, strahlt jede Menge Selbstbewusstsein aus.

Kim Kardashian

geb. 1980

Man mag es mögen oder nicht – die dominante Ästhetik unserer Zeit wurde von Kim Kardashian geprägt (und konturiert). Mit ihren Rehaugen, ihren dramatischen Kurven und ihrem unglaublichen Gespür dafür, wie sich ein Bild über das Internet hinaus verbreitet, ist sie die Geschmacksbildnerin des digitalen Zeitalters.

Die Welt lernte Kardashian Mitte der 2000er-Jahre als Paris Hiltons Stylistin und spätere Freundin kennen – eine Verbindung, die dazu führte, dass Kim in der Doku-Soap *The Simple Life* sowie auf Paparazzi-Fotos auftauchte. Doch berühmt wurde sie erst nach einem Skandal, der für manche das Ende ihrer Karriere bedeutet hätte: die unautorisierte Veröffentlichung eines Sex-Tapes mit ihrem damaligen Freund Ray J. Kim Kardashian wehrte sich vor Gericht gegen die Veröffentlichung, nutzte aber schließlich die damit verbundene Aufmerksamkeit zu ihrem Vorteil. Im selben Jahr wurde sie zum Mittelpunkt der langlebigen Reality-TV-Show *Keeping Up With the Kardashians*, die sich mit Kim und ihrer Familie beschäftigt.

In den folgenden Jahren gewann Kardashian Millionen von Instagram-Follower*innen dank sorgfältig komponierter Selfies. Mit konturiertem Make-up, kunstvoll verlängerten Wimpern und mutmaßlich aufgespritzten vollen Lippen machte sie einen »Zu-perfekt-um-real-zu-sein«-Look populär, den die US-amerikanische Autorin und Journalistin Jia Tolentino als »Instagram Face« bezeichnete. Kardashians Online-Beliebtheit bedeutete, dass sie alles Erdenkliche für Marken verkaufen konnte, die sich ihre hohen, teils sechsstelligen »Sponcon«-Honorare leisten konnten, und Kooperationen mit Fast-Fashion-Firmen wie Fashion Nova förderten einen regelrechten Bodycon-Hype (inklusive Stilettos) bei Kims Horden junger Fans.

Nachdem sie 2014 den modebegeisterten Kanye West geheiratet hatte (eine Ehe, die bis 2021 hielt), begann Kardashian, sich für einen kantigeren Stil zu entscheiden, beginnend mit einem Cover-Shooting für das *Paper Magazine*, das darauf setzte, dass Kims knackiger Po »das Internet brechen« könne. Im darauffolgenden Jahr veröffentlichte sie den Bildband *Selfish*, der ihre Selfies in den Bereich der Kunst erhob. In jüngster Zeit hat Kim eine Reihe von Marken gegründet, darunter die trendige Shapewear-Linie SKIMS, die direkt an die Kundschaft verkauft. Kim ist auch eine erstaunliche Fürsprecherin für Gefängnisreformen geworden, indem sie sich erfolgreich für die Begnadigung von Inhaftierten einsetzt.

Der von Kim Kardashian inspirierte Cocktail ist unheimlich lecker – und würde mit der richtigen Beleuchtung sicherlich auch auf Instagram toll aussehen.

Für den Cocktail

2½ Shots Kahlua-Kaffeelikör

1 Shot Zitronensaft, frisch gepresst

½ Shot Himbeer-Sirup (Seite 18)

1 frisches Eiweiß

Eiswürfel

Garnitur: 3 Himbeeren

Alle Zutaten in einen mit Eis gefüllten Shaker geben und kräftig schütteln. In eine Cocktailschale abseihen und mit den auf einen metallenen Cocktailspieß gesteckten Himbeeren garnieren.

24

Elsa Schiaparelli

1890–1973

»Schockierend«: Nach diesem Motto lebte die unbezähmbare Elsa Schiaparelli, begleitet von dem knalligen Farbton Pink, für den sie berühmt ist.

»Schiap« (wie sie von ihren Freunden genannt wurde) wuchs in Rom in einer gehobenen, intellektuellen Umgebung auf: Ihre Mutter war eine neapolitanische Aristokratin, ihr Vater ein Gelehrter. Sie studierte Philosophie an der Universität und veröffentlichte als junge Erwachsene einen sinnlichen Gedichtband, der ihre Eltern so schockierte, dass sie sie in ein Kloster schickten. Schiaparelli trat in einen Hungerstreik, um den Klostermauern zu entkommen, lernte nach ihrer Entlassung ihren zukünftigen Ehemann kennen und zog mit ihm nach New York. Sie begann, in einer Modeboutique zu arbeiten, und verkehrte mit dadaistischen und surrealistischen Künstlern wie Man Ray oder Marcel Duchamp – und als ihr Mann sie verließ, folgte sie ihren Künstlerfreunden nach Paris. Dort lernte sie Paul Poiret kennen, einen renommierten Modeschöpfer, der sie dazu ermutigte, ihre eigenen Entwürfe zu kreieren.

1927 brachte Schiaparelli eine Strickkollektion mit surrealistischen *Trompe-l'œil*-Motiven auf den Markt, die ihr, als sie in der *Vogue* vorgestellt wurde, den Ruf einbrachte, der »Joker« der Modewelt zu sein. Sie wurde als eine der ersten Designer*innen für Künstlerkollaborationen bekannt und schuf viele ihrer berühmtesten Kreationen zusammen mit Salvador Dalí, darunter ihr »Hummer-Kleid«, den »Schuh-Hut« und das »Skelett-Kleid«. Ihre Rivalin Coco Chanel bezeichnete sie abschätzig als »die italienische Künstlerin, die Kleider macht«.

Abgesehen von ihrer Meisterschaft in der Herstellung künstlerischer Kleidungsstücke erhob Schiaparelli auch die Farbe Pink zu einem Grundgestaltungsmittel innerhalb der Mode. Bislang war strahlendes Pink nur sparsam verwendet worden, aber Schiaparelli machte genau diese Farbe zu einem ihrer Markenzeichen. Pink wurde so sehr zu Schiaparellis Visitenkarte, dass ihr Parfüm von 1937 schlicht *Shocking!* hieß. Jeder wusste, welches Wort folgte.

Eine Cocktail-Hommage an Elsa Schiaparelli kann daher nur eine Farbe haben: Pink in seiner schockierendsten Ausprägung.

Für den Cocktail

2 Shots Weißer Rum

¾ Shot Zitronensaft, frisch gepresst

¾ Shot Hibiskusblüten-Sirup (Seite 17)

Eiswürfel

2 Shots perlender Rosé

Garnitur: pinke essbare Nelkenblüte

Rum, Zitronensaft und Hibiskusblüten-Sirup in einen mit Eis gefüllten Shaker geben und schütteln. In eine Cocktailschale abseihen, mit Rosé auffüllen und mit der Nelkenblüte garnieren.

26

Kenzō Takada

1939–2020

Die gegenseitige Bereicherung der Kulturen verhalf Kenzō Takadas überbordender Kreativität dazu, in der farbenfrohen, überschwänglichen Design-Ästhetik zu erblühen, für die er bekannt ist. Der in Paris berühmt gewordene Mode- und Produktdesigner war einer der ersten Japaner, die es in der internationalen Modewelt zu Rang und Namen brachten. Unter sechs Geschwistern aufgewachsen entdeckte Kenzō durch das Lesen der Modemagazine seiner Schwestern schon in jungen Jahren sein Interesse für Kleidung. Doch nach seinem Abschluss am Bunka Fashion College in Tokio stagnierte seine aufkeimende Design-Karriere, als das Haus, in dem er wohnte, aufgrund von Bauarbeiten im Zusammenhang mit den Olympischen Spielen 1964 abgerissen und er enteignet wurde. Er verwendete die Abfindung, um nach Paris zu reisen, verliebte sich in die Stadt und blieb. Fünf Jahre später eröffnete er sein eigenes Geschäft, das er mit einem üppigen Blumenmotiv schmückte, inspiriert von dem Gemälde »Der Traum« von Henri Rousseau. Er taufte seine Boutique »Jungle Jap« – was Takada, der sich der unangnehmen Konnotation für japanische Amerikaner nicht bewusst war, in die Bredouille brachte. Schließlich benannte er sein Unternehmen in »Kenzo« um.

Takadas farbenfrohe, eklektische Kollektionen waren von Kulturen aus aller Welt inspiriert und enthielten Anspielungen auf Kimonos und andere traditionelle Gewänder. Er verwendete oft Stofffe mit japanischem Blumenmuster, die er von Pariser Textilmärkten bezog, und spielte mit traditionellen asiatischen Designmerkmalen wie großen Armlöchern und weiten Ärmeln. Seine witzige, entspannte Arbeit erregte die Aufmerksamkeit von Szenegrößen wie Jerry Hall und Grace Jones, und seine Modenschauen – die zweimal in einem Zirkuszelt stattfanden – waren legendär.

1993 verkaufte Takada sein Label Kenzo an LVMH und zog sich 1999 aus dem Geschäft zurück. Er setzte jedoch seine eigenen kreativen Unternehmungen fort und entwarf unter anderem Kostüme für Puccinis *Madama Butterfly* sowie Textilien und Möbel. Er starb in Paris im Alter von 81 Jahren, 50 Jahre nach der Vorstellung seiner ersten Kollektion.

Der Kenzō Takada gewidmete Cocktail vermischt die Aromen Japans und Frankreichs miteinander, genau wie die Kreationen des Designers.

Für den Cocktail

2 Shots Cognac
1 Shot Takara (oder ähnlicher lieblicher Pflaumenwein)
½ Shot Orgeat (Sirup mit Mandelgeschmack)
1 Shot Zitronensaft, frisch gepresst
1 Spritzer Peychaud's Bitters
Eiswürfel
Garnitur: essbare Kapuzinerkresse-Blüten

Alle Zutaten in einen mit Eis gefüllten Shaker geben und kräftig schütteln. In eine Cocktailschale absieben und mit den Blüten garnieren.

28

André Leon Talley

geb. 1948

Für den Cocktail

1 Shot Zitronensaft,
frisch gepresst

1 Shot Einfacher Sirup (Seite 16)

1½ Shots Bourbon

einige Spritzer Peach Bitters

Eiswürfel

3 Shots Champagner

Garnitur: 3 dünne Pfirsich-
schnitze und frische Minze

Zitronensaft, Sirup, Bourbon
und Peach Bitters in einen mit
Eis gefüllten Shaker geben und
schütteln. In ein mit Eis gefülltes
Collinsglas abseihen, mit
Champagner aufgießen und mit
Pfirsichschnitzen, Minzeblättern
sowie einem Glas-Trinkhalm
garnieren.

Seit Jahrzehnten stiehlt der Modejournalist André Leon Talley mit seiner beeindruckenden Persönlichkeit und bewusst zur Schau gestellten Kleiderwahl vielen Models geradezu die Show – vor allem mit seinen luxuriösen, maßgeschneiderten Capes und Kaftanen. Aber er lebt und schreibt nicht nur als ein wahrer Kenner der Mode, sondern strebte im Speziellen immer schon die Repräsentation von People of Color in der Fashionindustrie an.

Talley wurde in Washington, D.C., geboren und wuchs bei seiner Großmutter in Durham in North Carolina auf, unter den »Jim-Crow-Gesetzen«, die die Rassentrennung im amerikanischen Süden für einen langen Zeitraum festschrieben. Talleys Interesse für Mode erwachte zuerst beim Kirchgang, für den die schwarze Gemeinde ihre Sonntagsgewänder anlegte, in der örtlichen Bibliothek führten ihn dann die Seiten der *Vogue* zu seinem Faible für internationale Mode. Er begeisterte sich für »Jackie« Kennedy Onassis, nachdem er 1961 die Amtseinführung von JFK gesehen hatte, und wurde regelrecht frankophil. Er studierte französische Literatur und schrieb seine Abschlussarbeit über den Einfluss Schwarzer Frauen auf Charles Baudelaire. Schließlich absolvierte er ein Praktikum am Kostüm-Institut des Metropolitan Museum of Art bei der legendären Ex-*Vogue*-Redakteurin Diana Vreeland, die von seinem Intellekt und seinem unorthodoxen Sinn für Mode so beeindruckt war, dass sie ihm zu einem Job beim Magazin *Interview* verhalf. Von dort aus avancierte Talley zum Pariser Büroleiter der *Women's Wear Daily*, was zu einer engen persönlichen Freundschaft mit Karl Lagerfeld führte. Schließlich kehrte Talley nach New York zurück, um bei der *Vogue* zu wirken, unter anderem als Kreativdirektor und Editor-at-Large. Er wurde auch ein denkwürdiger Kommentator des roten Teppichs bei der jährlichen Met-Gala.

Als Man of Color – und später in seinem Leben als Mann mit Übergröße – entsprach Talley nicht dem damaligen Schönheitsideal innerhalb der Modebranche. Dennoch hat er es an die Spitze geschafft und genießt heute Respekt dafür, anderen den Weg geebnet zu haben.

Wie Talley verbindet dieser Cocktail die vornehme Art des amerikanischen Südens mit der Raffinesse von Paris.

Lizzo

geb. 1988

Lizzos freche Bekenntnisse zur Selbstliebe und ihre knalligen Outfits machen die Sängerin und Rapperin zum perfekten Vorbild für alle, die auffallen und dabei Spaß haben wollen.

Lizzo (geboren als Melissa Viviane Jefferson), wuchs in einer religiösen Familie auf und zog im Alter von zehn Jahren aus dem amerikanischen Detroit nach Houston. Sie war von klein auf musikalisch, spielte Flöte im Schul-Orchester, gründete mit 14 Jahren eine Rap-Gruppe und studierte später an der Universität Musik. Ihren ersten Durchbruch hatte sie, nachdem sie nach Minneapolis gezogen war, wo sie 2014 nach Auftritten bei diversen R&B-Gruppen auf dem Prince-Track »Boytrouble« zu hören war. Aber erst 2019 mit der Veröffentlichung von Lizzos erstem Major-Label-Album *Cuz I Love You* gelang ihr der Durchbruch zum Mainstream-Erfolg. Smash-Hits wie »Juice«, »Good as Hell« und »Truth Hurts« wurden zu frechen Hymnen für mutige, selbstbewusste Frauen des 21. Jahrhunderts. Lizzo schaffte es sogar, dem Flötenspiel einen Coolness-Faktor zu verleihen, indem sie es in viele ihrer Songs einbaute und mit einem Querflötensolo bei den BET Awards 2019 beeindruckte, das viral um die Welt ging.

Als sich das Rampenlicht auf sie richtete, wurde noch etwas anderes klar: Lizzo versucht gar nicht erst, sich anzupassen. Stolz auf ihre Übergröße bevorzugt sie Styles, die auffällig sowie figurbetont sind. Gekonnt setzt sie dabei auch verschiedenste Accessoires in Szene und versteht es, ihren Körper kunstvoll zu schmücken und zu feiern.

Es dauerte nicht lange, bis die Modewelt darauf aufmerksam wurde, und Lizzo auf den Titelseiten von Zeitschriften erschien. Ein Beispiel hierfür ist das von David LaChapelle fotografierte *Rolling-Stone*-Cover, das Lizzo als strahlende Göttin zeigt, mit nichts bekleidet als einem bestickten Body von Garo Sparo und einem Kopftuch von Elsa Schiaparelli. (Auf Instagram kommentierte Lizzo das Foto mit den Worten: »Seht her, ein großes GRRRL in seinem natürlichen Lebensraum!«)

Der Lizzo feiernde Cocktail ist fröhlich dekadent, genau wie die Musik und der Style der Künstlerin.

Für den Cocktail

1½ Shots Wodka
1 Shot Erdbeer-Rhabarber-Sirup (Seite 18)
½ Shot Amaretto
1 Shot Zitronensaft, frisch gepresst
2 Shots Sodawasser
Eiswürfel
Garnitur: Erdbeeren

Wodka, Erdbeer-Rhabarber-Sirup, Amaretto und Zitronensaft in einen mit Eis gefüllten Shaker geben. Schütteln, in ein mit Eis gefülltes Collinsglas abseihen, mit dem Sodawasser auffüllen und garnieren.

Coco Chanel

1883–1971

Die Geschichte der Mode lässt sich in zwei Epochen einteilen: Vor Chanel und nach Chanel. Die Gründerin des Modeimperiums hat ein stromlinienförmiges Chic-Ideal geschaffen, das bis heute Bestand hat. Chanels frühes Leben war allerdings alles andere als glamourös.

Coco Chanel wurde als Gabrielle Chasnel in einem Armenhaus im ländlichen Frankreich als uneheliches Kind geboren, und als ihre Mutter starb, schickte ihr Vater sie in ein katholisches Waisenhaus. Die Klosterschwestern erzogen Chanel streng und erlaubten ihr wenig Luxus, aber sie brachten ihr das Nähen bei. Als sie mit 18 Jahren das Waisenhaus verließ, verdiente sie sich ihren Lebensunterhalt unter anderem als Schneiderin und sang nachts in Varietés und Cafés. Unter den wohlhabenden Männern, die das Kabarett besuchten, lernte Chanel den Textilerben Étienne Balsan kennen, der ihr erstes Atelier in Paris finanzierte.

Chanels Erfolg als Modeschöpferin erstreckte sich über Jahrzehnte; sie arbeitete bis zu ihrem Tod im Alter von 87 Jahren. Während ihr Vermächtnis heute durch ihre umstrittene Verwicklung mit den Nazis während des Zweiten Weltkriegs getrübt wird, ist ihr nachhaltiger Einfluss auf die Mode unverkennbar.

Inspiriert durch den maßgeschneiderten, praktischen Look der Landhausmode für Männer, kreierte Chanel schlichte, locker fallende Kleidung aus Baumwolljersey, in der sich die Trägerin frei bewegen konnte, denn (für die damalige Zeit ungewöhnlich) entwarf Chanel ihre Kleidungsstücke ohne Korsett. Ihre jungenhafte Ästhetik wurde als »Garçonne-Look« bekannt und verkörperte den rebellischen Stil der »Flapper-Ära«. Chanels andere Innovationen fingen einen ähnlich demokratischen, integrativen Geist der damaligen Mode ein: das »Kleine Schwarze«, ein kurzes schlichtes Abendkleid, das von Frauen aller Klassen getragen werden sollte; ihr ikonisches Tweed-Kostüm, das konsequent auf gute Tragbarkeit ausgelegt war; und Chanel No. 5, ein sinnliches »Parfum für eine Frau, mit dem Duft einer Frau«. Chanel sagte einmal: »Ich trinke Champagner nur bei zwei Gelegenheiten: Wenn ich verliebt bin und wenn ich es nicht bin.«

Der Coco Chanel gewidmete Cocktail enthält reichlich Champagner, außerdem den französischen Weinaperitif Lillet Blanc und den Likör Crème de Violette, wobei Letzterer für einen zartlila Farbton sorgt.

Für den Cocktail

½ Shot Crème de Violette

½ Shot Lillet Blanc, gekühlt

4 Shots Champagner, gekühlt

Garnitur: 1 frischer Zweig blühender Bio-Lavendel

Crème de Violette und Lillet Blanc in eine Cocktailschale gießen, mit Champagner auffüllen und mit dem Lavendelzweig garnieren.

34

Priyanka Chopra Jonas

geb. 1982

Der Stileinfluss von Priyanka Chopra erstreckt sich über diverse Kontinente und die beiden größten Filmindustrien der Welt. Als Bollywood-Hollywood-Star strahlt sie stets Glamour aus, egal, ob sie ein Couture-Kleid oder einen Designer-Sari trägt. Als Tochter eines Ärzteehepaares beim Militär, das häufig anderswo stationiert war und oft umzog, lernte Chopra schon als Kind die unterschiedlichen Regionen Indiens kennen und sog die vielen regionalen Kulturen in sich auf. Als Teenager zog sie zu ihrer Tante in die Vereinigten Staaten, wo sie in der Schule gemobbt wurde – aber bei Musikaufführungen blühte sie auf. Nach ihrer Rückkehr nach Indien nahm sie an Schönheitswettbewerben teil und wurde im Jahr 2000 zur Miss World gekrönt. Ihr Ruhm führte zu Rollen in Bollywood-Filmen, und sie avancierte zu einer der führenden Schauspielerinnen der Branche. Während Chopra in Bollywood Erfolge feierte (und parallel an einer Karriere als Sängerin arbeitete), gelang ihr durch eine Hauptrolle in dem US-amerikanischen Thriller-Drama *Quantico* sowie in Filmen wie *Der weiße Tiger* ein ernsthafter Vorstoß nach Hollywood. Und 2018, als sie den Musiker Nick Jonas heiratete, wurde sie die einflussreiche Hälfte eines Power-Paares. Chopra erschien auf unzähligen roten Teppichen und in einer Vielzahl von Zeitschriften, bekannt für ihren manchmal extravaganten, immer aber umwerfenden Stil. Mal entscheidet sie sich für Experimentelles (wie bei dem silbernen Dior-Kleid mit Käfig-Mieder bei der Met-Gala 2019); manchmal für Eleganz (wie bei dem weißen Tüllkleid des libanesischen Designers Georges Hobeika, das sie im selben Jahr bei den Filmfestspielen in Cannes trug) oder für Traditionelles (wie dem floralen Sabyasachi-Sari, in dem sie mit Ehemann Jonas im Jahr 2020 das hinduistische Fest Diwali feierte). Chopra unterstützt stolz indische Designer*innen und betont lautstark ihre Liebe zum Sari, über den sie sagt: »Für mich liegt seine Schönheit in seiner Vielseitigkeit, nicht nur in Form und Stoff. Er verkörpert Eleganz, Weiblichkeit und Kraft.«

Der Hommage-Cocktail für Chopra enthält die dekadenten und komplexen Aromen von Chai-Tee.

Für den Cocktail

1 Shot Scotch
½ Shot Gin
1 Shot Masala-Sirup (Seite 17)
1 Shot fettreduzierte Sahne
Eiswürfel
Garnitur: gemahlener Zimt

Alle Zutaten in einen mit Eis gefüllten Shaker geben. Mindestens 1 Minute kräftig schütteln, dann in ein Cocktailglas abseihen. Mit Zimt bestäubt servieren.

Yves Saint Laurent

1936–2008

Das Mode-Ideal der französischen Bohème kommt im Werk von Yves Saint Laurent wunderbar zum Ausdruck. Als einer der berühmtesten Designer des 20. Jahrhunderts kombinierte er mit Leichtigkeit den Komfort sachlicher Streetwear mit eleganten Couture- und Konfektionskollektionen.

Saint Laurent wuchs in einer mediterranen Villa im französisch besetzten Algerien auf, wo er als Stylist für seine Mutter und Schwestern erste Streifzüge in die Welt der Mode unternahm. Im Alter von 17 Jahren zog er nach Paris, um Mode an der Chambre Syndicale de la Haute Couture zu studieren. Kurz nach seinem Abschluss als Überflieger (und dem Sieg über Karl Lagerfeld, indem er ersten Preis im Designwettbewerb des International Wool Secretariat gewann), wurde er im damals führenden Couture-Haus Dior angestellt. Vier Jahre später, nach dem frühen Tod von Christian Dior im Alter von nur 52 Jahren, avancierte Saint Laurent mit nur 21 Jahren zum Chefdesigner des Unternehmens. Saint Laurents erste Kollektion für Dior mit dem luftigen, lockeren »Trapezkleid« war ein großer Erfolg; spätere Kreationen waren umstrittener. Seine 60er-Jahre-Beatnik-Kollektion in gedämpften Farben und mit Lederakzenten kam bei Diors konservativer Kundschaft nicht ganz so gut an.

Nachdem der künstlerische und pazifistische Saint Laurent nach seiner Einberufung in die französische Armee mit einem Nervenzusammenbruch in der Psychiatrie gelandet war, gründete er mithilfe seines Lebensgefährten und Geschäftspartners Pierre Bergé sein eigenes Modehaus. Mit dieser neu gewonnenen kreativen Freiheit popularisierte er bahnbrechende Looks wie die der »Mondrian«-Kollektion aus dem Jahr 1965 (das Ergebnis einer Künstlerkollaboration, wie es dem damaligen Zeitgeist entsprach) und des »Le Smoking« aus dem Jahr 1966 (einen Hosenanzug für Frauen, bevor Hosen für Frauen wirklich etabliert waren). Mit seiner Prêt-à-porter-Boutique Rive Gauche, die sich als großer Erfolg erwies, fand Saint Laurent einen Weg, seine Mode einem breiteren Publikum bekannt zu machen.

Der Saint Laurent gewidmete Cocktail ist subtil mit Safran und Ingwer versetzt – elegante Aromen, die mit Marrakesch assoziiert werden, einer Stadt, die der Designer liebte und in der auch seine letzte Ruhestätte liegt.

Für den Cocktail

2 Shots Gin
1 Shot Safran-Ingwer-Sirup (Seite 18)
1 Shot Zitronensaft, frisch gepresst
1 frisches Eiweiß
Eiswürfel
Garnitur: einige Fäden Safran

Alle Zutaten in einen mit Eis gefüllten Shaker geben und kräftig schütteln, bis er spürbar kühl ist. Durch ein feines Sieb in eine Cocktailschale abseihen und mit Safran garnieren.

38

Carolina Herrera

geb. 1939

Carolina Herrera ist dafür bekannt, amerikanische First Ladies aller politischer Couleur einzukleiden, und die berühmte Designerin hat mehr zu bieten als nur schlichte Kleidungsstücke.

Herrera wurde als María Carolina Josefina Pacanins y Niño im venezolanischen Caracas in eine wohlhabende Familie hineingeboren, die sowohl Verbindungen zur Politik als auch zur Mode besaß. Ihr Vater war Luftwaffenoffizier und ehemaliger Gouverneur der Stadt, während ihre Mutter aus einer Familie von Prominenten stammte. Als Kind reiste Herrera mit ihrer Mutter und Großmutter nach Paris, um Kleidung aus den Häusern berühmter Couturiers zu besorgen. Herreras Modekarriere begann 1965 in Caracas, als sie als Referentin für einen Freund der Familie – den Modedesigner Emilio Pucci – zu arbeiten begann.

Aber erst nach ihrem Umzug nach New York im Jahr 1980, mit 41 Jahren, startete ihre Karriere so richtig. Dort wurde sie Stammgast im Studio 54, verkehrte mit Szenegrößen wie Mick und Bianca Jagger sowie Andy Warhol (der sie porträtierte) und wurde regelmäßig fotografiert. Eine Freundin, die sie während dieser Zeit kennenlernte, *Vogue*-Redakteurin Diana Vreeland, ermutigte Herrera, ihre eigene Modelinie herauszubringen, was sie 1981 tat (auf dem Catwalk lief keine Geringere als Iman). In den folgenden Jahren feierte Herrera konstant stille Erfolge. Sie war eine Lieblings-Designerin von »Jackie« Kennedy Onassis, und nachdem sie 1986 das Hochzeitskleid von Caroline Kennedy entworfen hatte, wuchs ihr Erfolg rasant. Sie wurde bald zu einer geschätzten Größe in der Brautmodebranche.

Als Herrera 2018 von ihrer gleichnamigen Linie zurücktrat, war sie sowohl für die schicken weißen »Button-Down«-Hemden bekannt, die sie bei ihren Kollektionsdebüts trug, als auch für die königlichen, maßgeschneiderten Kleider, die sie entwarf. Sie hat bewiesen, dass geschmackvolle Klassiker nicht langweilig sein müssen und dass Stil eine wesentliche Sprache ist, die man beherrschen muss, um etwas zu bewirken.

Der Hommage-Cocktail für Herrera ist ein Daiquiri mit geklärtem Limettensaft – geschmeidig und zeitlos elegant.

Für den Cocktail

2 Shots Weißer Rum
¾ Shot Einfacher Sirup
(Seite 16)
¾ Shot Limettensaft, frisch
gepresst und geklärt (Seite 19)
Garnitur: Limettentwist

Alle Zutaten in einen mit Eis gefüllten Shaker geben und kräftig schütteln. Durch ein feines Sieb in eine Cocktailschale abseihen und mit einem Limettentwist garnieren.

40

Anna Sui

geb. 1964

Anna Sui verwebt popkulturelle Archetypen, Vintage-Stilreferenzen und filmische Meilensteine zu einem farbenfrohen, ikonoklastischen Werk, das sie zu einer der am meisten bewunderten zeitgenössischen US-amerikanischen Modeschöpfer*innen macht.

Als Tochter chinesischer Einwanderer, die sich während ihres Studiums an der Sorbonne kennenlernten, wurde Sui am Rande von Detroit geboren. Ihre Kindheit verbrachte sie in den Vorstädten, aber ihre Träume flogen weit darüber hinaus.

Obwohl Suis Eltern sich für ihre Tochter eine Karriere als Ärztin wünschten, zog sie nach New York, um sich an der Parsons School of Design einzuschreiben. Sie hoffte, in die kreative Szene der Stadt einzutauchen und mit Leuten wie Andy Warhol zu verkehren (was sie schließlich auch tat – er bot ihr sogar an, sie zu malen).

Während ihres Studiums begann Sui, als Stylistin für Fotoshootings von Kommiliton*innen und Freunden tätig zu werden, wie etwa den Fotografen Steven Meisel, mit dem sie später häufig zusammenarbeitete. Schon bald entwarf sie in ihrem Apartment Kleidung und finanzierte ihren Unternehmensstart selbst. Mithilfe von Meisel und ihren Supermodel-Freundinnen Naomi Campbell, Linda Evangelista und Christy Turlington gelang Sui 1991 mit ihrer ersten kaleidoskopisch bunten Modenschau der Durchbruch in der Szene. Im selben Jahr posierte Madonna in Kreationen der Designerin für ein *Vogue*-Shooting mit Meisel und katapultierte Suis Ruhm in ungeahnte Höhen.

In den folgenden Jahren lotete Sui die Tiefen des Films, der Kunst, der Musik und anderer kreativer Disziplinen aus, um sich von freigeistigen Kreationen inspirieren zu lassen. Nichts war für sie tabu, und Sui wurde bekannt für ihre fundierten Recherchen innerhalb der Design- und Kulturgeschichte. Amerikanische Subkulturen wie Punks, Surfer und Cowgirls, aber auch romantischere Referenzen wie Terrence Malicks Filmdrama *In der Glut des Südens* flossen in ihre Kollektionen ein.

Heute gilt Sui als eine der größten lebenden Modedesigner*innen der Welt, mit einer klassisch amerikanischen Erfolgsgeschichte. Wie sie selbst sagt: »Man muss sich auf seine Träume konzentrieren, auch wenn sie über den gesunden Menschenverstand hinausgehen.«

Der Sui gewidmete Cocktail ist einem anderen amerikanischen Klassiker nachempfunden: dem Apfelkuchen.

Für den Cocktail

1½ Shots Calvados

½ Shot Fireball (oder ähnlicher mit Zimt und Whiskey verblendeter Likör)

½ Shot Galliano

1 Shot Zitronensaft

1 frisches Eiweiß

Eiswürfel

Garnitur: 1 Scheibe gedörrter Apfel und etwas gemahlener Zimt

Alle Zutaten in einem mit Eis gefüllten Shaker kräftig schütteln, dann in eine Cocktailschale abseihen. Mit dem Dörrapfelschnitz und einer Prise Zimt garnieren.

Paloma Elsesser

geb. 1992

Mode hat einen politischen Aspekt, vor allem mit den Augen von Paloma Elsesser gesehen. Als Model und Influencerin setzt sie sich vehement für die Rechte von People of Color ein und fördert mit ihren Social-Media-Auftritten die Repräsentation der Übergrößen.

Elsesser wuchs, wie sie sagt, »hippie-arm« in Los Angeles auf, als Kind einer afroamerikanisch-buddhistischen Mutter und eines eingewanderten chilenisch-schweizerischen Vaters. Sie besuchte Privatschulen, wo sie als eine der wenigen weder wohlhabend, noch weiß noch dünn war – eine für sie traumatisierende Erfahrung. Schließlich verließ Elsesser Los Angeles, um Psychologie und Literatur an der New School in New York City zu studieren, wo sie sich der kreativen Szene der Stadt anschloss. Im Jahr 2015 wurde die berühmte Visagistin und Maskenbildnerin Pat McGrath auf Elsessers Instagram-Account aufmerksam und engagierte die junge Influencerin, um in der Werbekampagne für ihre neue Kosmetiklinie mitzuwirken. Dieser hochkarätige Auftritt machte Elsesser zu einem der bekanntesten Plus-Size-Models, die derzeit arbeiten. Sie hat für Linien wie Fenty Beauty, Glossier und Proenza Schouler gemodelt, ist für Alexander McQueen und Eckhaus Latta über den Laufsteg gelaufen und erschien auf den Seiten diverser großer Hochglanzmagazine. 2019 gab sie ihr Filmdebüt in dem Krimi *Der schwarze Diamant* der Safdie-Brüder und festigte damit ihren Ruf als Ikone der Indie-Coolness.

Elsesser begnügt sich jedoch keineswegs damit, sich im Rampenlicht zu sonnen. Sie nutzt ihren Ruhm als Chance, Veränderungen in der Branche zu bewirken, und setzt sich öffentlich für Belange ein, an die sie glaubt: »Ich kann nicht jede Iteration von ›Blackness‹, ›Fatness‹ oder ›Femmeness‹ repräsentieren, aber ich kann hoffentlich das repräsentieren, was ich repräsentiere«, erklärte sie im Jahr 2020 dem Männermagazin *GQ – Gentlemen's Quarterly*.

Der Elsesser feiernde Cocktail verweist mit Pisco auf den chilenischen Teil ihrer Wurzeln und verbindet alles mit einem offenen, tropischen Geschmacksprofil.

Für den Cocktail

1½ Shots Pisco (chilenisches Destillat aus Traubenmost)
¾ Shot Aperol
½ Shot Orgeat (Sirup mit Mandelgeschmack)
1½ Shots Ananassaft
½ Shot Limettensaft, frisch gepresst
1 Spritzer Peychaud's Bitters
kleine Eiswürfel
Garnitur: Bio-Ananasblätter

Alle Zutaten in einem mit Eis gefüllten Shaker kräftig schütteln, in ein mit Eis gefülltes Rocksglas abseihen und mit Ananasblättern garnieren.

44

Jackie Kennedy Onassis

1929–1994

Während ihrer Zeit im Licht der Öffentlichkeit wurde Jacqueline »Jackie« Kennedy Onassis zum Inbegriff von Eleganz, Anmut und Gelassenheit. Durch ihren ausgefeilten Sinn für Stil und ihr Engagement für die Bewahrung des kulturellen Erbes Amerikas erfüllte sie die Rolle der First Lady mit einem neuen Maß an Kultiviertheit.

Jackie (damals Lee Bouvier) wurde in eine wohlhabende Familie hineingeboren. Sie wuchs im Bundesstaat New York auf und verbrachte ihre Kindheit mit Reiten, Ballett und dem Erlernen von Sprachen. Nach Studien am Vassar College, an der Sorbonne und an der George Washington University erwarb sie einen Abschluss in französischer Literatur und trat eine Stelle als Fotografin bei der Tageszeitung *Washington Times-Herald* an. 1952 lernte sie ihren zukünftigen Ehemann, John F. Kennedy, kennen. Als JFK Präsident wurde, war Jackie mit 31 Jahren die jüngste First Lady der Geschichte.

Noch bevor sie in das Weiße Haus einzog – das sie restaurierte, da sie es als ein wichtiges Symbol der Nation ansah –, traf Jackie sorgfältige Entscheidungen, was ihr öffentliches Image anging. Noch während JFK für das Amt kandidierte, suchte sie sich amerikanische Designer*innen, um französische Looks wie etwa die von Chanel zu kreieren. Ihre daraus resultierende Ästhetik war elegant und raffiniert: maßgeschneiderte Kostüme, Jacken mit Dreiviertelärmeln, A-Linien-Kleider, Pillbox-Hüte und lange Handschuhe. Ein vergleichbares rosafarbenes Kostüm trug sie auch an dem Tag, an dem JFK ermordet wurde – und behielt es, komplett mit Blutflecken, bis zum nächsten Morgen an. Das Kleidungsstück wurde zu einer bleibenden Metapher für die verlorene Unschuld des Landes.

Nach dem Weißen Haus veränderte sich Jackie in vielerlei Hinsicht. Sie begann, weite Hosenanzüge, Seidenkopftücher und große schwarze Sonnenbrillen zu tragen, und heiratete den Schifffahrtsmagnaten Aristoteles Onassis. Nach dessen Tod wurde sie Buchredakteurin und arbeitete für Verlage wie Viking und Doubleday.

Die Cocktail-Hommage an Jackie ist eine Abwandlung des Pink Lady, der bei Frauen der gehobenen Gesellschaft sehr beliebt ist.

Für den Cocktail

1½ Shots Gin
½ Shot Calvados
½ Shot Galliano
½ Shot Zitronensaft, frisch gepresst
1 Barlöffel Grenadine
1 frisches Eiweiß
Eiswürfel
Garnitur: 3 Weinbrand-Kirschen

Alle Zutaten in einen mit Eis gefüllten Shaker geben. Kräftig schütteln und in eine Cocktailschale abseihen. Mit den auf einen Cocktailspieß gesteckten Kirschen garnieren.

Cristóbal Balenciaga

1895–1972

»Der Meister«, »Der König«, »Der einzige Couturier« – alle diese Titel wurden Cristóbal Balenciaga bereits verliehen. Die hohen Ansprüche des spanischen Modeschöpfers und sein Geschick mit Nadel und Faden brachten ihm einen Ruf der Perfektion ein, wie ihn nur wenige besitzen.

Balenciaga wurde in einem kleinen Fischerdorf geboren und verbrachte die meiste Zeit seiner Kindheit an der Seite seiner Mutter, die die Familie als Näherin unterstützte. Als er 12 Jahre alt war, begann er eine Lehre bei einem Schneider in der Kurstadt San Sebastián und eröffnete dort 1917 sein erstes Modeatelier: Eisa. Balenciagas Kreationen waren erfolgreich – sie wurden sogar von der spanischen Königsfamilie getragen –, und der Designer eröffnete Filialen in Barcelona und Madrid. Als der Spanische Bürgerkrieg ihn schließlich aus dem Land vertrieb, ließ er sich in Paris nieder.

Legendär ist, dass Balenciaga nicht skizzierte, sondern direkt mit den Stoffen arbeitete, manchmal nähte er die Kreationen selbst – seine technischen Fähigkeiten hoben ihn von seinen Berufskolleg*innen ab. Seine Kleidungsstücke waren tadellos geschneidert und oft von seinen spanischen Wurzeln beeinflusst: Gemälde von Diego Velázquez etwa inspirierten die »Infanta«-Linie der 1930er-Jahre, Flamenco-Tänzer*innen und Matadore andere Outfits. Sein sogenannter »Semi-fitted«-Look von 1952, vorne tailliert und hinten gerade, brachte ihm Anerkennung ein, während seine »Sack«-Kleider 1957 die Modewelt mit ihrer lockeren, bauschigen Silhouette schockierten.

Obwohl er als der führende Couturier seiner Zeit galt und Berühmtheiten wie Grace Kelly, Ava Gardner und Audrey Hepburn einkleidete, war Balenciaga notorisch introvertiert. Er mied die Presse und gab während seiner gesamten Karriere nur ein einziges Interview. Stattdessen konzentrierte er sich darauf, die akuraten Schnitte aus den Stoffen zu kreieren und das perfekte Kleid.

Der Balenciaga gewidmete Cocktail ist klassisch, gut strukturiert und bringt die Aromen von spanischem Sherry mit ein.

Für den Cocktail

1 Shot Fino-Sherry
1 Shot Campari
1 Shot roter Wermut
Eiswürfel
1 Eiskugel (großer Eiswürfel in Kugelform)
Garnitur: Orangentwist

Alle Zutaten (bis auf die Eiskugel) in einem Rührglas verrühren. Auf die Eiskugel in ein Rocksglas abseihen und garnieren.

48

Guo Pei

geb. 1967

Die Fantasie und Erhabenheit vergangener Epochen nehmen in den dekadenten Couture-Kreationen von Guo Pei Gestalt an. Als erste chinesische Designerin, die in die exklusive Chambre Syndicale de la Haute Couture eingeladen wurde, kreiert Guo Pei in mühevoller Kleinarbeit aufwendig bestickte Kleider, die alte chinesische Designtraditionen wieder aufleben lassen.

Guo Pei wurde 1967 in Peking geboren, in einer Zeit, in der die chinesische Mode weitgehend durch das Diktat der Kommunistischen Partei geprägt war. Als sie ein Kind war, pflegte ihr Vater ihre Skizzen und Bilder wegzuwerfen, weil er der Meinung war, dass die Arbeit in der Modebranche eine brotlose Kunst sei. Nichtsdestotrotz hegte sie ihr Interesse an Kleidung, half ihrer Mutter beim Nähen und änderte rebellisch die Funktionskleider, die sie bekam, um sie stylischer zu gestalten. 1982 war Guo Pei eine der ersten Studentinnen in Peking, die Modedesign studierten; 1997 hatte sie genug Geld beisammen, um ihr eigenes Designstudio zu eröffnen.

Guo Pei eilte bald ein Ruf für aufwendige, voluminöse Kleider mit traditionellen chinesischen Stickereien und Haute-Couture-Perfektionismus voraus. Aufwendige Verzierungen mit Halbedel-steinen oder mit aus echtem Gold gewonnenen Garnen waren ihre Markenzeichen. In einem ikonischen Stück ahmte sie blau-weiße chinesische Keramik mit kunstvollen Stickereien nach und verwendete Stücke aus echtem Porzellan, um ein Kopfteil in Form einer Vase zu kreieren. 2008 wurde ihr Ruf als Kulturbotschafterin für chinesisches Design gefestigt, als sie ausgewählt wurde, die Kostüme für die Preisverleihung der Olympischen Spiele 2008 in Peking zu entwerfen. Aber vielen wurde ihr Name erst 2015 bekannt, als Rihanna bei der Met-Gala ein dekadentes gelb-goldenes Kleid mit langer Schleppe trug, das von Guo Pei entworfen worden war. Es folgten Magazin-Cover sowie Design-Retrospektiven mit Guo Peis Arbeit – und ein zweiter Hauptsitz in Paris.

Der Guo Pei feiernde Cocktail erstrahlt in einem goldenen Farb-ton, der in der Arbeit der Designerin eine große Rolle spielt – und der, wie sie glaubt, »der Farbe unserer Seelen« entspricht.

Für den Cocktail

½ Shot extrafette Sahne
½ Shot Limettensaft, frisch gepresst
¾ Shot Jasminblüten-Sirup (Seite 17)
1 Shot Mangosaft
1 frisches Eiweiß
Eiswürfel
Sodawasser
Garnitur: Orangentwist

Alle Zutaten (bis auf Sodawasser und Eis) in einen Shaker geben. 1 Minute kräftig schütteln. Dann den Shaker zu drei Vierteln mit Eis befüllen und kräftig schütteln, bis das Eis sich aufgelöst hat (mindestens 1 Minute, wahr-scheinlich aber länger). Die Mischung in ein Collinsglas abseihen, mit Sodawasser auffüllen und mit einem Oran-gentwist garnieren.

Anna Wintour

geb. 1949

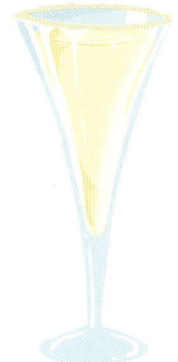

Für den Cocktail

2 Shots Wodka

1 Rezeptmenge Lavendel-
Zitronen-Eiswürfel (Seite 19)

Eiswürfel

Kruste: Zuckerrand

Wodka, Lavendel-Zitronen-
Eiswürfel und 1 herkömmlichen
Eiswürfel in einem Shaker
kräftig schütteln, bis die
Lavendel-Zitronen-Eiswürfel
vollständig aufgelöst sind
(etwa 1 Minute). In ein mit
Zuckerrand garniertes hohes
Cocktailglas abseihen.

Kaum jemand in der Modebranche besitzt so viel Macht und Einfluss wie Anna Wintour. Die *Vogue*-Chefredakteurin hat die Art und Weise, wie wir uns kleiden, über drei Jahrzehnte geprägt und ist zu einer gleichermaßen gefürchteten wie geschätzten Kultfigur geworden. Wintour wurde in die Medienbranche hineingeboren – ihr Vater, Herausgeber des *Evening Standard*, war ein mächtiger Mann des britischen Journalismus. Als Wintour in den 1960er-Jahren in London aufwuchs, war sie von Mode umgeben. Mit 16 brach sie die Schule ab, um einen Job in der angesagten Boutique Biba anzunehmen, und bekam schließlich eine Stelle als Redaktionsassistentin bei der Zeitschrift *Harpers & Queen* angeboten. Sie kletterte die Karriereleiter bei verschiedenen Verlagshäusern hinauf, wechselte zwischen Großbritannien und den USA und holte sich 1988 den Job, der ihre Karriere definieren sollte: Chefredakteurin der amerikanischen *Vogue*. Sie machte sich sofort einen Namen, indem sie auf ihrem ersten Cover einen 10 000-Dollar-Pullover von Christian Lacroix mit Jeans kombinierte – ein schockierendes Statement in einer Zeit, in der bei Modezeitschriften formelle Cover-Shootings dominierten. Durch Wintours visionäre Führung wurde die *Vogue* zu einem Kraftpaket, dessen September-Ausgaben teilweise auf über 900 Seiten anschwollen. Wintour selbst wurde als »Königsmacherin« bekannt, die in der Lage war, die Karrieren von aufstrebenden Designer*innen zu fördern und Kollektionen zu prägen, noch bevor diese vorgestellt wurden.

Aber sie machte sich nicht nur durch ihren feines Gespür für Mode und ihren geschäftlichen Scharfblick einen Namen. Ihr charakteristischer Stil (brauner Bob, Etuikleider, dunkle Sonnenbrillen) ist nach Jahrzehnten der Beständigkeit ein unverkennbares Markenzeichen. Und als anspruchsvolle Chefin, berühmt für ihre unnahbare Art, diente »Nuclear Wintour« als Inspiration für die Figur der Miranda Priestly in dem Buch und dem nachfolgenden Film *Der Teufel trägt Prada,* was sie zu einer Ikone der Popkultur machte. (Wintour bewies, dass sie Spaß versteht, und trug Prada zur Premiere des Films.)

Der Cocktail Anna Wintour zu Ehren ist elegant, ein bisschen distanziert – und zeitlos modern.

Louise Dahl-Wolfe

1895–1989

Louise Dahl-Wolfe war eine Pionierin, die den weiblichen Blick in die Welt der Fotografie einbrachte und dazu beitrug, die Modefotografie als Kunstform zu etablieren. Und sie ebnete den Weg für noch bekanntere Namen – oft Männer -, die in ihre Fußstapfen traten.

Geboren um die Jahrhundertwende in San Francisco, besuchte Dahl-Wolfe die California School of Fine Arts (heute San Francisco Art Institute) und wurde dort von Freund*innen in die Welt der Fotografie eingeführt (sie baute sogar ihren eigenen Vergrößerungsapparat aus einer Schokoladenschachtel). Später heiratete sie den Bildhauer Meyer Wolfe, den sie auf einem Bahnsteig in Tunesien kennenlernte, und zog mit ihm nach New York. Bald richtete sie sich ein Fotostudio ein; ihr Mann half, Kulissen für ihre Shootings zu kreieren.

1936 nahm Dahl-Wolfe einen Job bei *Harper's Bazaar* an, wo sie mit den brillanten Redakteurinnen Carmel Snow und Diana Vreeland zusammenarbeitete, um das Magazin als wichtigstes Modejournal der Zeit zu etablieren. Dort machte sie sich ans Werk, die freigeistigen Frauen der modernen Ära abzulichten, und dies größtenteils im Freien. Sie fotografierte ihre selbstbewussten Motive im jeweiligen Moment, in natürlicher Bewegung, im Sonnenlicht. Ihr Ziel war es, Bilder zu schaffen, die die Realität abbilden; für sie trugen die Modelle zwar schöne Kleidung, aber sie waren in erster Linie echte, lebendige Menschen, die mit der Welt interagierten. Dahl-Wolfe war auch eine Perfektionistin: Nachdem sie den Modellen stundenlang schwierige Posen abverlangt hatte, kredenzte sie ihnen zum Zeitüberbrücken Cocktails und korrigierte derweil ihre eigenen Abzüge, um sicherzustellen, dass die Farben genau so waren, wie sie sie haben wollte. Ihre Arbeiten trugen dazu bei, eine eigene Ästhetik in der Modefotografie zu etablieren, die manche als »American Look« bezeichneten. Richard Avedon, der in ihre Fußstapfen trat, nachdem sie *Harper's Bazaar* verlassen hatte, sagte: »Sie war die Größe, an der wir uns alle gemessen haben.«

Der von Dahl-Wolfe inspirierte Drink ist wie Sonnenlicht in einem Glas: strahlend gelb, mit einer hellen, blumigen Note.

Für den Cocktail*

2 Shots Lillet Blanc
2 Shots Ananassaft
½ Shot Zitronensaft, frisch gepresst
½ Shot Orangenblüten-Sirup (Seite 17)
Eiswürfel
2 Shots Sodawasser
Garnitur: Bio-Löwenzahnblüte

Alle Zutaten (bis auf das Sodawasser) in einen mit Eiswürfeln gefüllten Shaker geben. Gut schütteln und in ein mit Eiswürfeln gefülltes Collinsglas abseihen. Mit dem Sodawasser aufgießen und mit der Löwenzahnblüte garnieren.

* Dies ist ein Low-ABV-Cocktail.

Kate Moss

geb. 1974

Für den Cocktail

1 Shot Wodka

¾ Shot Schmetterlingserbsenblüten-Sirup (Seite 16)

½ Shot Zitronensaft, frisch
gepresst

3 Shots Champagner

Garnitur: essbare weiße
Taglilienblüte

Alle Zutaten in ein Rührglas
geben. Umrühren und in einen
Eiswürfelbehälter füllen. Über
Nacht im Tiefkühlgerät gefrieren
lassen. Die Eiswürfel in einen
Shaker geben (sie sollten gefroren
sein, werden aber durch den
Alkoholgehalt nicht ganz hart).
Schütteln, bis sie sich aufgelöst
haben, in ein Nick-&-Nora-Glas
abgießen (nicht abseihen) und mit
der Taglilienblüte garnieren.

»Grunge-Look«, »Heroin-Chic«, »Boho-Style«: All dies hat die unvergleichliche Kate Moss mit definiert. Als sogenanntes »Anti-Supermodel« ist ihr Einfluss auf die Mode- und Schönheitsbranche unbestreitbar.

Ins Aufsehen der Öffentlichkeit rückte Moss erstmals im Alter von 16 Jahren, als sie an einem freizügigen Grunge-Mode-Shooting für das Magazin *The Face* mitwirkte. Im selben Jahr erschien sie in einer Kampagne für Calvin Klein (oben ohne, mit Mark Wahlberg), was ihren Namen bekannt machte. In jener Zeit beherrschten kurvige, große Supermodels die Laufstege, und Moss, nur 1,70 Meter groß und extrem schlank, war so ziemlich das Gegenteil davon. Als ihr Ruhm in ungeahnte Höhen schoss, wurde Moss mit der umstrittenen »Heroin-Chic«-Ästhetik in Verbindung gebracht, und sie lieferte oft Gesprächsstoff darüber, ab wann dünn *zu* dünn ist.

Während ihrer Karriere kultiviere Moss ein Bad-Girl-Image und widersetzte sich den Versuchen anderer, ihr Verhalten zu kontrollieren. Sie zog mit einer Gruppe berühmter Party-People, dem »Primrose Hill Set«, um die Häuser und entwickelte den Ruf eines reuelosen Partygirls, das so viel Wodka trinken konnte, dass sie den Spitznamen »The Tank« erhielt.

Moss' exzessiver Lebensstil holte sie 2005 ein, als Boulevard-fotos, die sie beim Konsum illegaler Substanzen zeigten, dazu führten, dass sie Modelverträge verlor. Zwölf Monate später unterschrieb sie jedoch einen ganzen Schwung neuer Verträge und lief 2011 für Louis Vuitton über den Laufsteg – und rauchte am »No Smoking Day« in Paris in aller Öffentlichkeit eine Zigarette.

Heute leitet Moss ihre eigene Agentur und hat viele ihrer Eskapaden aufgegeben; sie sagt: »Ich gehe früh ins Bett, trinke viel Wasser, nicht zu viel Kaffee, und ich versuche, die Zigaretten zu reduzieren.«

Früher behauptete Moss, ihr Lieblings-Cocktail sei der French 76. Dies ist eine Abwandlung davon, mit einem Hauch Farbe durch Schmetterlingserbsenblüten.

56

Dorian Leigh

1917–2008

Für den Cocktail

1 Shot Mezcal
¾ Shot Chartreuse Verte
¾ Shot Apricot Brandy
½ Shot Jalapeño-Sirup
(Seite 17)
¾ Shot Limettensaft, frisch
gepresst
feiner Eisschnee vom Eisblock

Eisschnee in einer Cocktailschale aufhäufen, 1 Handvoll
zurückbehalten. Alle anderen
Zutaten in einen Shaker
geben. Schütteln und über den
Eisschnee gießen. Mit einer
restlichen Handvoll Eisschnee
kunstvoll toppen.

Hinweis: Da Eisschnee die
süßen Ingredienzien verdünnt,
funktioniert dieser Drink nicht
mit Eiswürfeln; also unbedingt
Eisschnee verwenden (oder
notfalls Crushed Ice).

Als eines der ersten Supermodels erschien Dorian Leighs ausdrucksstarkes Gesicht – mit den berühmten gewölbten Augenbrauen – ab den 1940er-Jahren auf unzähligen Magazin-Titelseiten und in Werbekampagnen. Ihr Talent, Emotionen über die Kamera zu übertragen, machte sie zur Muse für Fotograf*innen, von Louise Dahl-Wolfe über Irving Penn bis hin zu Richard Avedon.

Bevor sie Model wurde, hatte Leigh eine abwechslungsreiche Karriere. Sie arbeitete zunächst als Büroangestellte, erwarb einen Abschluss in Maschinenbau, heiratete, bekam zwei Kinder und ließ sich scheiden, bevor sie sich im Alter von 27 Jahren dazu entschloss, dem Modeln eine Chance zu geben. Mit einer Größe von 1,70 Meter schien sie nicht die naheliegendste Kandidatin für diesen Job zu sein. Aber ihr Agent organisierte ein Treffen mit der Moderedakteurin Diana Vreeland, die sofort von Leighs Gesicht fasziniert war – und eine Zeit lang die Schwindelei glaubte, sie sei erst 19.

Der Erfolg stellte sich sofort ein. Leighs Bekanntschaft mit Vreeland führte zu einem Cover für *Harper's Bazaar*, und bald verdiente sie 1 Dollar pro Minute – eine enorme Summe für die damalige Zeit. Sie begann, eng mit Richard Avedon zusammenzuarbeiten, der sie auch für die berühmte »Fire and Ice«-Kampagne für Revlon in den 1950er-Jahren fotografierte –, und Leigh verkehrte mit dem Schriftsteller Truman Capote, der von ihren häufigen Romanzen und ihrem quirligen gesellschaftlichen Leben so fasziniert war, dass er ihr den Spitznamen »Happy-Go-Lucky« gab. (Gerüchten zufolge war Leigh eine Teilinspiration für die Figur der Holly Golightly in Capotes Roman *Frühstück bei Tiffany*).

Nach ihrer Modelkarriere eröffnete Leigh ihre eigene Agentur und half unter anderem ihrer 15 Jahre jüngeren Schwester Suzy Parker dabei, sich in der Branche zu etablieren. In Leighs Fußstapfen tretend wurde auch Parker zu einem der berühmtesten Models ihrer Zeit.

Der Leigh ehrende Cocktail kombiniert »Fire and Ice« – die Schärfe und Hitze von Jalapeños und Mezcal auf geschabtem Eis.

Rihanna

geb. 1988

Arbeiten: Das ist es, was Rihanna tut, im Bereich der Musik, der Mode und manchmal auch im Film. Und sie tut es mühelos, cool, während sie gewagte und stilvolle Outfits trägt, ohne sich darum zu kümmern, was irgendjemand darüber denken könnte.

Rihanna wurde auf Barbados geboren und gründete im Alter von 15 Jahren mit ein paar Klassenkameradinnen eine Girlgroup. Bald darauf wurde sie von einem Plattenproduzenten entdeckt, und mit 17 Jahren hatte sie einen Vertrag über sechs Alben in der Tasche. In den folgenden Jahren wurde sie mit Chartstürmern wie »Rude Boy«, »Umbrella« und »Work« zu einer Pop-Ikone, die es mit den größten Namen der Branche aufnehmen konnte – und zu einer der reichsten Frauen der Welt. Sie entwickelte sich auch zu einer Mode-Ikone, die dafür bekannt ist, so ziemlich alles zu tragen und toll darin auszusehen: Den komplett durchsichtigen, mit Swarovski-Glitzer verzierten Mantel, den sie 2014 zu den CFDA Awards anlegte; die gut 55 Pfund schwere Guo-Pei-Robe, mit der sie 2015 auf der Met-Gala erschien; oder die Balenciaga-X-Vibram-Five-Fingers-Boots, die sie 2020 beim Stadtbummel mit einer Vetements-Track-Hose kombinierte.

In Anbetracht all dessen war es nur natürlich, dass Rihanna ihre eigenen Labels auf den Markt bringen würde. Im Jahr 2017 gründete sie Fenty Beauty, eine Kosmetiklinie, die im Auftrag der Inklusivität 50 Hauttöne berücksichtigt. Zwei Jahre später wurde sie mit Fenty zur ersten Schwarzen Frau an der Spitze eines Pariser Luxus-Mode-Labels, das dem Konzern LVMH untersteht und das sie bis zur Einstellung der Marke im Jahr 2021 leitete.

Der Rihanna gewidmete Cocktail kombiniert den Geist von Barbados (Rum!) mit tropischen Früchten und der pflanzlichen Herbheit des grünen Kräuterlikörs Chartreuse.

Für den Cocktail

1 Shot Amber Rum
¾ Shot Chartreuse Verte
1 Shot Limettensaft, frisch gepresst
¾ Shot Guaven-Nektar
½ Shot Orgeat (Sirup mit Mandelgeschmack)
1 Spritzer Angostura
Crushed Ice
Garnitur: essbare Orchideenblüte

Alle Zutaten in einen mit Eis gefüllten Shaker geben. Schütteln und in ein Hurricaneglas abgießen (nicht abseihen). Mit Blüte und Edelstahl-Trinkhalm servieren.

60

Jean Paul Gaultier

geb. 1952

»Bad Boy«, »Enfant terrible«, »Rebell«: Der Modeschöpfer Jean Paul Gaultier wurde während seiner 50-jährigen Karriere vieles genannt. Doch auch wenn seine Entwürfe manchmal schockierten, waren sie gleichermaßen Perlen der Mode.

Gaultier wuchs in einer Sozialwohnung in einem Pariser Arbeitervorort auf, und seine einzige modische Ausbildung bestand darin, Kleider für seinen Teddybären zu entwerfen. Aber er war talentiert und entschlossen und begann, Skizzen an Designer zu verschicken; eine davon verschaffte ihm 1970, als er gerade erst 18 war, einen Job bei Pierre Cardin, und er eröffnete mit der Hilfe seines Freundes 1976 sein eigenes Modehaus. Gaultiers Entwürfe waren von Streetwear und Punk inspiriert, und die Models, die er für seine Shows auswählte, waren grenzüberschreitend: Plus-Size-Models, ältere Models, tätowierte Models und androgyne Models liefen für ihn – Jahre bevor »Diversity« auf dem Catwalk üblich oder akzeptiert war.

Zum Megastar avancierte Gaultier, nachdem er die Kostüme für Madonnas *Blonde-Ambition*-Tour kreiert hatte; seine Korsetts mit den kegelförmigen BHs gehörten zu den ikonischsten Designs der 1990er-Jahre. Auch für Männer entwarf er Korsetts und Röcke – ein klarer Vorläufer der heutigen gender-fluiden Mode.

In den folgenden Jahren sah man Gaultier auch im Fernsehen, als er die skurrile Late-Night-Show *Eurotrash* moderierte. Daneben entwarf er fantastische Kostüme für Filme wie *Das fünfte Element* und *Die Stadt der verlorenen Kinder*. Und als er 1996 bei einem Job bei Dior übergangen wurde (man fand Gaultier zu ausgefallen), tat er etwas, was ihm echte kreative Freiheit einbrachte: Er entwickelte seine eigene Couture-Linie, die ein Riesenerfolg wurde und die er bis 2020 führte, bevor er sich mit einem Paukenschlag aus dem Geschäft zurückzog: Seine letzte Modenschau beinhaltete einen Trauerzug mit S&M-Leichenträgern, einen Sarg in Form eines Kegel-BHs und einen Auftritt von Boy George.

Der von Jean Paul Gaultier inspirierte Cocktail spart ebenfalls nicht an knalligen Effekten und Humor.

Für den Cocktail*

2 Shots Campari
6 Shots Sodawasser
1 Kugel Vanilleiscreme
Garnitur: Blutorangenrad

Campari und Sodawasser in ein Collinsglas geben und mit Vanilleeis auffüllen (der Cocktail wird stark schäumen, wenn das Vanilleeis dazugegeben wird). Mit dem Blutorangenrad garnieren und mit einem Edelstahl-Trinkhalm und einem langstieligen Löffel servieren.

*Dies ist ein Low-ABV-Cocktail.

Yōji Yamamoto

geb. 1943

Nach der avantgardistischen Design-Philosophie von Yōji Yamamoto ist Schwarz eine Farbe. Und die bestimmende Farbe seiner asymmetrischen, intellektuellen Kleidung, die sich Trends widersetzt und ihren Träger*innen das Gefühl gibt, unbesiegbar und einzigartig zu sein. Yamamoto sagt, dass sein Leben mit einem Knall begann: Der Atombombe von Hiroshima, die im Zweiten Weltkrieg Japan zur Kapitulation zwang (sein einberufener Vater starb im Einsatz). Als Einzelkind wuchs Yamamoto bei seiner verwitweten Mutter auf, die Schneiderin war. Er schloss 1966 ein Jurastudium ab, entschied sich aber dazu, nicht als Jurist zu arbeiten, sondern seine Mutter in deren Geschäft zu unterstützen. Später studierte er Modedesign an der Modehochschule Bunka Fukusō Gakuin in Tokio und stellte 1977 seine Debütkollektion vor. Die Weltöffentlichkeit wurde 1981 auf ihn aufmerksam, als er und seine Designerkollegin Rei Kawakubo – mit der er eine Liebesbeziehung hatte – ihre Kollektionen in Paris präsentierten. Im darauffolgenden Jahr sorgten ihre jeweiligen Kollektionen für Furore wegen ihrer absichtlich zerstörten, anti-gefälligen Ästhetik. Im Vergleich zu den farbenfrohen, figurbetonten Kreationen seiner Zeitgenoss*innen waren Yamamotos androgyne, deformierte, monochrom gehaltene und in Lagen drapierte Arbeiten schockierend. Schon bald wurden sowohl Kawakubos als auch Yamamotos Fans, die die bedrohlich wirkenden, voluminösen schwarzen Kleidungsstücke trugen, als »die Krähen« bezeichnet. Yamamoto sagte damals über seine Kreationen: »Ich wollte den Körper der Frau vor etwas schützen – vielleicht vor den Augen der Männer oder vor einem kalten Wind.«

Die kreative Arbeit Yamamotos und seine kultähnlichen Designs sorgen über die Jahre hinweg ungebrochen für Furore. Durch Kooperationen mit Marken wie Adidas, für die er die Athleisure-Linie Y-3 kreierte, und durch das Entwerfen von Trikots für Real Madrid sowie die New Zealand All Blacks weitete sich seine Reichweite auf Streetwear aus. »Ich hatte das Gefühl, dass ich mich zu weit von der Straße entfernt hatte«, sagte er über diese Entwicklung.

Die Cocktail-Hommage an Yamamoto ist natürlich schwarz. Die dunkle Farbe und die ansprechende leichte Salzigkeit stammen von Tintenfischtinte.

Für den Cocktail

2 Shots Tequila Blanco

1 Shot Limettensaft

1 Shot Tintenfischtinten-Sirup (Seite 18)

normale und 1 extragroßer Eiswürfel

Garnitur: essbare rote Stiefmütterchenblüte

Die Zutaten (bis auf den extragroßen Eiswürfel) in einen mit Eis gefüllten Shaker geben. Kräftig schütteln, durch ein Sieb in ein Rocksglas mit dem großen Eiswürfel abseihen und garnieren.

64

Cindy Crawford

geb. 1966

In den 1980er- und 90er-Jahren war es fast unmöglich, nicht auf irgendeine Werbung mit Cindy Crawford zu stoßen. Mit ihren einprägsamen Gesichtszügen und ihrem ikonischen Schönheitsfleck dominierte sie Zeitschriftencover, Laufstege, Anzeigen sowie Musikvideos und festigte ihren Ruf als eines der bekanntesten Supermodels aller Zeiten.

Crawford wuchs in DeKalb, Illinois, auf. Als Kind wurde sie aufgrund des Mals über ihrer Oberlippe gemobbt – und hätte es fast entfernen lassen, aber zum Glück überzeugte ihre Mutter sie davon, darauf zu verzichten. Crawford war eine hervorragende Schülerin und erhielt ein Stipendium, um Chemietechnik an der Northwestern University zu studieren. Sie brach das Studium jedoch ab, um sich ganz dem Modeln zu widmen, und verfolgte ihre neue Karriere zielstrebig.

Crawford wurde aufsehenerregend schnell berühmt und erschien 1990 neben Christy Turlington, Linda Evangelista, Naomi Campbell und Tatjana Patitz auf einem von Peter Lindbergh fotografierten Cover der britischen *Vogue*, das mittlerweile legendär ist und eine neue Ära einleitete: das Jahrzehnt der der Supermodels. Diese Models waren groß und feminin, mit überlebensgroßen Persönlichkeiten. Sie waren regelrechte Stars, verdienten mit Werbeverträgen enorme Gagen und traten in Musikvideos und Filmen auf. Zu Crawfords berühmten Rollen gehörten ein Auftritt mit anderen Supermodels im Video zu George Michaels »Freedom! '90« und einer im Pepsi-Werbespot aus dem Jahr 1992, der als eine der denkwürdigsten Super-Bowl-Werbungen aller Zeiten gilt. Außerdem moderierte sie sechs Jahre lang die MTV-Show *House of Style*. Im Jahr 2016 zog sich Crawford im Alter von 50 Jahren endgültig vom Modeln zurück. Ihr Vermächtnis bleibt jedoch durch ihre Tochter Kaia Gerber bestehen, die ihrer berühmten Mutter auf dem Laufsteg alle Ehre macht.

Der Crawford gewidmete Cocktail ist lieblich und kraftvoll zugleich – und mit dem Muntermacher Espresso dürfte er jedem Jetlag beikommen.

Für den Cocktail

1½ Shots Galliano Vanilla
1 Eiskugel (großer Eiswürfel in Kugelform)
4 Shots Espresso, abgekühlt

Den Galliano in ein Rocksglas über die Eiskugel gießen. Den Espresso langsam über einen Löffel aufgießen, um den Drink zu schichten.

66

Tyra
Banks

geb. 1973

Für den Cocktail**

2 Shots Seedlip Garden 108
1 Shot Grüner-Apfel-Shrub
(Seite 19)
Eiswürfel
4 Shots Sodawasser
Garnitur: 1 Zweig frischer
Rosmarin

Seedlip Garden 108 und Grünen-Apfel-Shrub in einen mit Eis
gefüllten Shaker geben. Kräftig
schütteln und in ein mit Eis
gefülltes Collinsglas abseihen.
Mit dem Sodawasser aufgießen
und mit dem Rosmarinzweig
garnieren.

**Dies ist ein alkoholfreier
Cocktail.

Mode-Ikone oder Business-Lady? Tyra Banks ist beides. Die
»Smize-Queen«, die vor allem als Gründerin und Moderatorin von
America's Next Top Model bekannt ist, hat für Millionen von Fernsehzuschauer*innen geprägt, was Mode bedeutet – und steht manchmal
selbst noch vor der Kamera.

Banks wuchs in der kalifornischen Stadt Inglewood auf und verbrachte ihre ersten Schuljahre als beliebtes Durchschnitts-Mädchen,
bevor sie einen Wachstumsschub erlebte, der sie unbeholfen und
schlaksig machte, sodass ihre Mitschüler*innen sich über sie lustig
machten. Aber ihre Größe und ihre langen Gliedmaßen wurden zu
einem Vorteil, als Banks im Alter von 15 ins Modelgeschäft einstieg.
Mit 18 lief sie auf europäischen Laufstegen für Marken wie Chanel
und Fendi und sie erschien auf den Titelseiten von Zeitschriften wie
der *Vogue*. Als Banks' Körper weiblicher wurde, weigerte sie sich, zu
hungern, um sich anzupassen, und wechselte zu Bademoden und
Dessous – 1997 wurde sie das erste schwarze Model auf dem Cover
der Bademodeausgabe der *Sports Illustrated* und die erste schwarze
Frau im Katalog von Victoria's Secret. Banks war auch regelmäßig in
Film und Fernsehen vertreten, darunter ihr unvergesslicher Auftritt in der TV-Serie *The Fresh Prince of Bel-Air.*

Obwohl Banks unbestreitbar nach konventionellen Maßstäben
schön ist, veranlasste sie die Erfahrung, »zu schwarz, zu kurvig, nicht
stromlinienförmig genug« zu sein, 2003 zur Gründung von *America's
Next Top Model*. Und obwohl es sich dabei eigentlich um einen
Schönheitswettbewerb handelt, wurde *ANTM* von Banks auch dazu
genutzt, die Definition von Schönheit zu erweitern. Viele der Kandidat*innen der Show erweiterten in irgendeiner Weise die Etiketten
der Branche, darunter etwa Models mit der Pigmentstörung Vitiligo,
Plus-Size-Models, ältere Models und andere.

Der Banks feiernde Drink erweitert die Definition davon, wie ein
Cocktail zu sein habe. Ein Null-Prozent-Getränk, dessen Kick von
einem spritzigen Shrub aus grünem Apfel stammt.

Azzedine Alaïa

1935–2017

Für den Cocktail

1½ Shots Gin
1 Shot roter Wermut
½ Shot Maraschino-Likör
½ Shot Limettensaft, frisch gepresst
2 Shots ungesüßter Granatapfelsaft
Eiswürfel
Crushed Ice
Garnitur: Limettentwist

Alle Zutaten in einen mit Eiswürfeln gefüllten Shaker geben. Kräftig schütteln, in ein mit Crushed Ice gefülltes Collinsglas abseihen und garnieren.

Im ästhetischen Reich von Azzedine Alaïa ist es eine Tugend, anschmiegsam zu sein. Der zierliche tunesische Modeschöpfer mit dem Spitznamen »König des Stretches« war dafür bekannt, figurbetonte Kleider zu entwerfen und das Modedesign zu einer Kunstform zu erheben.

Alaïa wuchs in Tunis auf, wo seine Liebe zu Mode und Kunst von klein auf durch eine Freundin der Familie, Madame Pinot, gefördert wurde, die ihn mit Zeitschriften und Kunstbüchern versorgte. Schließlich meldete sie ihn an der Kunstschule École des Beaux-Arts in Tunis an (wobei er sich älter machte, als er war, um aufgenommen zu werden), und er absolvierte gleichzeitig eine Schneiderlehre.

1957, als Alaïa 22 Jahre alt war, zog er nach Paris, um ernsthaft seine Karriere in der Modebranche zu verfolgen, arbeitete bei Christian Dior und nahm nebenbei privat Kundenaufträge an. Seine Raffinesse im Umgang mit Stoffen sprach sich schnell herum, und er kleidete viele angesehene Mitglieder der französischen Gesellschaft ein. Im Jahr 1979 eröffnete er schließlich sein eigenes Modeatelier.

Alaïa wurde für seine skulpturale Herangehensweise an das Modedesign bekannt; über seinen Prozess sagte er: »Ich kleidete Frauen direkt an ihrem Körper ein, durch Intuition.« Seine Stücke waren eher zeitlos als mondän. Da er sich den Anforderungen der Presse und des Modesystems entzog, veröffentlichte er seine Kollektionen nach seinem eigenen Zeitplan, sobald er fand, dass sie vollendet waren – ohne Marketing-Blitzlichtgewitter und Pauken und Trompeten. Aufgrund seines Perfektionismus und seiner einzigartigen Vision gehörten seine Modenschauen zu den wichtigsten und einflussreichsten seiner Zeit. Er kleidete regelmäßig einflussreiche Frauen ein, von Michelle Obama bis hin zu Rihanna und Lady Gaga. Sein Name wurde auch in der Popkultur zu einem Begriff für Mode-Insider – so weigert sich beispielsweise Cher in ihrer Filmrolle als Alicia Silverstone in *Clueless* bei einem Überfall, sich auf den Boden zu legen (und damit möglicherweise ihr Kleid zu ruinieren), und erklärt: »Sie verstehen das nicht! Das ist ein Alaïa!«

Der Cocktail, der an Alaïa erinnert, wurde von jenem roten Kleid inspiriert – lebendig, verführerisch und elegant.

70

Bella & Gigi Hadid

geb. 1996 /
geb. 1995

Für den Cocktail

1½ Shots Gin

1 Shot Pistazien-Sirup (Seite 17)

¾ Shot Zitronensaft,
frisch gepresst

4 Tropfen Bio-Rosenwasser

1 frisches Eiweiß

Eiswürfel

Garnitur: getrocknete essbare
Rosenblütenblätter

Alle Zutaten in einen mit Eis
gefüllten Shaker geben.
Kräftig schütteln, durch ein
feines Sieb in eine Cocktailschale abseihen und die
Schaumkrone mit ein paar
Rosenblütenblättern garnieren.

Schwestern, Supermodels und stolze Muslimas: Bella & Gigi Hadid sind genau das.
Gemeinsam verkörpern sie den jugendlichen
kulturellen Zeitgeist und sind zu zwei der
mächtigsten und anerkanntesten Models der
Gegenwart avanciert.

Bella & Gigi wuchsen in einem wohlhabenden Haushalt in
Kalifornien auf. Ihre niederländisch-amerikanische Mutter Yolanda ist
ein ehemaliges Model, ihr Vater ein erfolgreicher Immobilienmakler,
der nach der Flucht aus Palästina in die USA ausgewandert war.
In ihrer frühen Kindheit lebten sie auf einer Ranch und wurden zu
geschickten Springreiterinnen, wobei Bella sogar anstrebte, an den
Olympischen Spielen 2016 teilzunehmen, das Vorhaben aber aufgab,
weil sie an chronischer Borreliose erkrankte. Die vielseitig begabten
Hadid-Schwestern fanden jedoch andere Wege zum Erfolg.

Gigi hatte bereits im Alter von zwei Jahren für Baby Guess
vor der Kamera gestanden und kehrte als Teenager zum Modeln
zurück – schnell gefolgt von Bella –, und 2014 debütierten beide auf
der New York Fashion Week. Sie stiegen schnell an die Spitze der
Branche auf, liefen für die größten Labels über den Catwalk und
waren in wichtigen Zeitschriften sowie berühmten Musikvideos zu
sehen: Bella bei The Weeknd und Gigi bei Zayn Malik (mit dem sie
2020 ein Kind bekam).

Bella & Gigi wurden als gläubige Muslimas erzogen – in ihrer
Kindheit beteten sie zusammen mit ihrem Vater. Anfang 2017, ange-
sichts der islamfeindlichen Strömungen in den Vereinigten Staaten,
engagierten sich die beiden lautstarker und politischer zu ihrem
gemeinsamen Hintergrund. Sie traten beim New Yorker »No-Ban-
No-Wall«-Marsch an, um gegen das vom damaligen US-Präsidenten
Trump verhängte Reiseverbot für Moslems zu protestieren, und vor
allem Bella betonte via Twitter und Instagram ihre Unterstützung für
Palästina.

Der von den Hadid-Schwestern inspirierte Cocktail enthält zwei
charakteristische Aromen nahöstlicher Desserts: Pistazienkerne und
Rosenblüten.

Olivier • Rousteing

geb. 1985

Als der junge, internet-affine Olivier Rousteing die Leitung des Luxus-Modehauses Balmain übernahm, mischte er die Branche auf, wie es seit Yves Saint Laurent kaum jemand mehr getan hatte. Rousteing war ein Überflieger, dessen Talent ihm gleich zu Beginn seiner Karriere einen begehrten, hochkarätigen Job einbrachte – allen Widerständen zum Trotz.

Als schwarzes Kind einer sehr jungen Mutter wurde Rousteing im Alter von einem Jahr adoptiert und von einem weißen Paar in Bordeaux aufgezogen. Er besuchte die École Supérieure des Arts et Techniques de la Mode in Paris und begann nach seinem Abschluss bei Roberto Cavalli zu arbeiten, wo er schließlich Kreativdirektor der Konfektionsabteilung wurde. 2009 kam er zu Balmain und arbeitete eng mit dem Kreativdirektor der Marke zusammen. Weniger als zwei Jahre später übernahm er, obwohl in der Modewelt noch relativ unbekannt, selbst den Posten des Kreativdirektors – mit nur 25 Jahren. Seine Ernennung sorgte für Furore im Establishment, nicht nur wegen seines jungen Alters, sondern auch aufgrund rassistischer Vorbehalte innerhalb der Branche. Der Zeitschrift *Out* berichtete er später: »Die Leute sagten: ›Oh mein Gott, er gehört einer Minderheit an und übernimmt ein französisches Haus!‹«

Rousteings frischer Blick revitalisierte das luxuriöse, aber etwas veraltete Image von Balmain, sowohl durch seine kulturell wohlabgestimmten Designs als auch durch seine umfassende Kenntnis der Sozialen Medien. Er baute eine, wie er es nannte, »Balmain-Armee« aus topaktuellen Influencer*innen auf, die ihre Balmain-Looks auf Instagram und Co. posteten – darunter Prominente wie Kim Kardashian, Kanye West und Gigi Hadid sowie die fiktiven, computergenerierten Models Shudu, Margot und Zhi (die zuvor bereits in einer Fenty-Beauty-Kampagne zu sehen gewesen waren). Die vielleicht wichtigste Social-Media-Ressource der Marke ist allerdings Rousteing selbst: Sein Talent, kunstvolle Selfies und sorgfältig kuratierte Blicke hinter die Kulissen seines glamourösen Lebens ins Netz zu stellen, hat ihm Millionen von Follower*innen eingebracht.

Der ihn feiernde Cocktail ist eine elegante Schorle, die in der Hand jedes Mitglieds der »Balmain-Armee« toll aussehen würde.

Für den Cocktail

3 Shots perlender Rosé
2 Shots Luxardo Bitter Bianco
1 Shot Sodawasser
Eiswürfel
Garnitur: ¹⁄₂ Erdbeere

Alle Zutaten in ein mit Eis gefülltes Weinglas ohne Stiel geben und umrühren. Mit einer halbierten Erdbeere garnieren.

Dapper Dan

geb. 1944

Große Künstler lassen sich inspirieren, und das weiß niemand besser als der berühmte Hip-Hop-High-Fashion-Designer und -Händler Dapper Dan.

Dapper Dan, als Daniel Day in Harlem in New York geboren, war als Teenager ein exzellenter Zocker und besaß als solcher früh einen außergewöhnlichem persönlichen Stil, was ihm seinen Spitznamen einbrachte (*dapper* bedeutet im Englischen so viel wie »adrett«). Aber nachdem er die feurigen Reden des Menschenrechtsaktivisten Malcolm X gehört hatte, änderte er seinen Weg und besuchte wieder die Schule. 1968 bereiste er im Rahmen eines Programms der Columbia University Afrika und war beeindruckt vom Textilhandwerk des Kontinents. Nach seiner Rückkehr wurde er Modeverkäufer.

Dapper Dan begann damit, gestohlene Ware aus seinem Auto heraus zu verkaufen, gründete aber 1982 seine erste Boutique in Harlem. Der Laden hatte 24 Stunden am Tag geöffnet, um die Drogendealer*innen des Viertels zu bedienen, die an ihren Straßenecken gut aussehen wollten. Er entwarf seine eigenen Designs, verwendete hochwertige Materialien wie Pelz und Leder und versah seine Kleidungsstücke mit kopierten Logos von Luxusmarken wie Gucci, Fendi und Louis Vuitton. Seine Kundschaft war begeistert, und schon bald stattete er Hip-Hop-Stars und Rapper wie LL Cool J, Eric B. & Rakim und Salt 'n' Pepa aus, aber auch Boxer wie Mike Tyson. Als Tyson in eine Schlägerei geriet, bei der er eine gefälschte Fendi-Jacke vor Dapper Dans Boutique trug, sorgte dies international für Aufsehen; Fendi verklagte Dapper Dan erfolgreich, dessen Laden 1992 schloss. Aber Dapper Dan arbeitete weiter im Untergrund und stattete Floyd Mayweather aus, einen anderen berühmten Boxer. Im Jahr 2017 erlangte Dapper Dan schließlich Anerkennung im Mainstream, nachdem Gucci ironischerweise ein Original-Jackett, das er 1989 angefertigt hatte, vom Markt genommen hatte. Der daraus resultierende Wirbel endete damit, dass Dan eine Partnerschaft mit der Marke einging, um eine neue Boutique in Harlem unter seinem eigenen Namen zu eröffnen.

Der Dapper Dan gewidmete Cocktail ist ein bisschen luxuriös, ein bisschen übertrieben, und er sieht verdammt gut aus.

Für den Cocktail

2 Shots Hennessy VS Cognac
1½ Shots Ananassaft
1½ Shots Cream of Coconut*
½ Shot Agavensirup
240 ml Crushed Ice
Garnitur: Bio-Ananasblatt und Ananasspalte

Alle Zutaten mit dem Crushed Ice im Mixgerät pürieren, bis die Mischung komplett glatt ist. In ein Hurricaneglas gießen, mit Ananasspalte und -blatt garnieren und mit einem Edelstahl-Trinkhalm servieren.

*Hinweis: Dieses Rezept verwendet ungesüßte Cream of Coconut. Wer eine gesüßte Variante verwendet, kann den Agavensirup weglassen.

Audrey Hepburn

1929–1993

Audrey Hepburns Einfluss auf die Welt der Mode ist so groß, dass es eine Untertreibung wäre, sie Ikone zu nennen. Als Muse origineller Designer*innen ist ihr Bild eines der am häufigsten gezeigten und bekanntesten der westlichen Kultur.

Hepburns frühe Kindheit in Großbritannien war ruhig, behütet und privilegiert. Doch vor dem Zweiten Weltkrieg verließ ihr Vater, ein fanatischer Nazi, die Familie, und während des Krieges flohen Hepburn und ihre Mutter in die Niederlande, wo die junge Audrey bei Benefizveranstaltungen tanzte, um die Widerstandsbewegung zu unterstützen. Sie wollte sich ernsthaft dem Tanzen widmen, aber aufgrund der Unterernährung, an der sie während des Krieges litt, wäre sie kaum stark genug gewesen, um als Primaballerina zu arbeiten – also wurde sie Schauspielerin. Zufällig wurde sie in einer kleinen Rolle von der bedeutenden französischen Schriftstellerin Colette entdeckt, die sie für ihr Broadway-Stück *Gigi* engagierte. Hepburns nächste Rolle war die der Prinzessin Ann in dem berühmten Film *Ein Herz und eine Krone*, für den sie einen Academy Award erhielt. Im Rahmen ihrer Hauptrolle in *Sabrina* wurde sie mit dem aufstrebenden Couturier Hubert de Givenchy bekannt. Er entwarf ihre Garderobe für sechs weitere Filme und kleidete sie auch abseits der Leinwand ein, was, wie einige mutmaßen, seinen Ruhm als Designer festigte.

Hepburns berühmteste Rolle war die in *Frühstück bei Tiffany*, in der sie das New Yorker Partygirl Holly Golightly spielte. Givenchy stattete sie mit einem schwarzen Etuikleid, Sonnenbrille, Perlen und Handschuhen aus – ein Look, der zu den berühmtesten der Filmgeschichte gehört. Hepburn war auch privat bekannt für ihre komplett schwarzen Outfits, mit schmalen Hosen, flachen Ballerinas und eng anliegenden Oberteilen – und dies in einer Zeit, in der Hollywoods Filmdiven hauptsächlich »va-va-voom-vixens-like« in Seidenroben und High Heels auftraten. Hepburn war der Inbegriff der mädchenhaft-frech-bezaubernden »gamine«; eine Schauspielerin, die Minimalismus und pflegeleichte Eleganz populär machte.

In ihrer Rolle als Holly Golightly trank Hepburn gerne mal einen Cocktail – vorzugsweise einen gehaltvollen. Der von ihr inspirierte Drink ist einfach, schlicht – und ja, stark.

Für den Cocktail

1½ Shots Zitronengras-Wodka (Seite 19)
½ Shot trockener Wermut
Eiswürfel
Garnitur: Zitronentwist

Die Zutaten in einen mit Eis gefüllten Shaker geben. Gründlich schütteln, in ein gekühltes Martiniglas abseihen und mit dem Zitronentwist garnieren.

RuPaul

geb. 1960

Perücken, Make-up und der Wille, hart zu arbeiten: Der US-amerikanische Schauspieler, Dance-Music-Sänger und Moderator RuPaul Andre Charles hat all diese Dinge populärer gemacht als je zuvor. Als Schöpfer der Reality-TV-Show *RuPaul's Drag Race* hat er den Drag in den Mainstream gebracht.

RuPaul wurde im amerikanischen San Diego geboren, wo ihn seine Eltern (die ursprünglich aus Louisiana stammten) nach der Mehlschwitze »Roux« benannten, die für den Südstaaten-Eintopf *Gumbo* verwendet wird. Als RuPaul noch ein kleines Kind war, verließ sein Vater die Familie – ein einschneidendes Ereignis, das die zukünftige Drag Queen dazu brachte, sich neu zu erfinden.

Nach einem Studium der Darstellenden Künste in Atlanta zog RuPaul nach New York und wurde in der dortigen Drag-Szene ein bekannter Performer. Als er 1993 eine Tanzsingle mit dem Titel »Supermodel (You Better Work)« veröffentlichte, wurde er international berühmt. Ein Jahr später sprengte er Grenzen als erster Drag-Queen-Botschafter von MAC Cosmetics und begann außerdem, in Filmen mitzuwirken.

RuPaul's Drag Race wurde 2008 ins Leben gerufen, als eine TV-Show, in der Drag Queens gegeneinander antreten, um von RuPaul als »America's next drag superstar« ausgewählt zu werden. Seitdem feierte die Show enorme Erfolge, gewann mehrere Emmys und machte RuPaul und eine Reihe anderer Drag Queens zu Stars; sie erhöhte auch die LGBTQ-Präsenz in der Öffentlichkeit. Und obwohl Drag eine lange Geschichte hat, wurde er durch RuPaul explosionsartig populär (und möglicherweise weniger subversiv), was einige den »RuPaul-Effekt« nannten. Wie auch immer, der Einfluss der Show auf Kultur und Mode ist unverkennbar. Durch *Drag Race* ist »Contouring« zu einer gängigen Praxis geworden, alle wollen für Furore sorgen, und übertriebene, dramatische Kleidung ist salonfähig geworden. Letztendlich hat RuPaul gezeigt, dass mit dem richtigen Outfit und Make-up jede*r sein kann, wer immer sie*er möchte. Wie RuPaul zu sagen pflegt: »Geboren werden wir alle nackt, der Rest ist Drag.«

Der RuPaul gewidmete Drink ist ein echter Überknaller – und, wie es sich für eine nüchterne Drag Queen gehört, kommt er ganz ohne Alkohol aus.

Für den Cocktail**

3 entsteinte Litschis in hellem Sirup (aus der Dose)
½ Shot Orangenblüten-Sirup (Seite 17)
½ Shot Limettensaft, frisch gepresst
1 Shot ungesüßte Cream of Coconut
240 ml Crushed Ice
Garnitur: bunte essbare Blüten

Im Mixgerät die Litschis mit 60 ml hellem Sirup aus der Dose pürieren. Alle anderen Zutaten hinzugeben und glatt pürieren. In ein Rocksglas gießen und mit ein paar auffälligen essbaren Blüten garnieren.

**Dies ist ein alkoholfreier Cocktail.

Antonio Lopez

1943–1987

Von den 1960er- bis in die 1980er-Jahre brachte Antonio Lopez mit Bleistift, Tusche und Aquarellfarben den Nervenkitzel der Mode aufs Papier. Seine Skizzen pulsierten in der Energie einer glamourösen Besetzung von Charakteren, die ein aufregendes, stilvolles Leben führten.

Lopez, in Puerto Rico geboren, wuchs mit der Mode um ihn herum auf. Als er noch klein war, zog die Familie nach New York, wo sein Vater als Schaufensterpuppen-Gestalter und seine Mutter als Näherin arbeiteten. Schon früh zeichnete Lopez Entwürfe für seine Mutter und absolvierte schließlich ein Modestudium an der High School of Art and Design. Nach seinem Abschluss besuchte er das Fashion Institute of Technology, wo er Juan Eugene Ramos kennenlernte, der sein Geliebter und künstlerischer Mitarbeiter wurde.

Es gab keinen Mangel an Arbeit für einen talentierten Illustrator wie Lopez, der das Studium nach einem Praktikum bei *Women's Wear Daily* abbrach und bald Jobs für die *New York Times* und den Modedesigner Charles James übernahm. Lopez' Illustrationen, die oft von Ramos koloriert wurden, sprengten Grenzen: Er zeigte keineswegs nur langgliedrige weiße Frauen, sondern porträtierte verschiedene Körpertypen und Hautfarben. »Als ich zur Modeillustration kam, war das eine tote Kunst, sehr langweilig, katalogartig, sehr WASPy«, erklärte er. Und als amerikanische Magazine seine Bilder kritisierten und zensierten, zogen er und Ramos nach Paris, wo die liberale Einstellung mehr Freiheit bot. Dort versammelte Lopez eine eklektische Entourage von Bohemiens um sich (vor allem Models wie Donna Jordan und Pat Cleveland sowie Jerry Hall, mit der der bisexuelle Lopez einst verlobt gewesen war), mit der er durch das Pariser Nachtleben tingelte und in Karl Lagerfelds Wohnung lebte. Lopez starb jung an Komplikationen durch AIDS, aber seine Illustrationen leben weiter und halfen, die Bühne für die lebendige Vielfalt der heutigen Mode vorzubereiten.

Die Cocktail-Hommage an Lopez ist schick und spritzig – wie die Modezeichnungen des kreativen Illustrators.

Für den Cocktail

2 Shots Wassermelonen-Gin (Seite 19)
½ Shot Zitronensaft, frisch gepresst
½ Shot Einfacher Sirup (Seite 16)
2 Shots Champagner
Eiswürfel
Garnitur: Bio-Schleierkraut

Wassermelonen-Gin, Zitronensaft und Einfachen Sirup in einen mit Eis gefüllten Shaker geben und gründlich schütteln. In eine Cocktailschale abseihen, mit dem Champagner auffüllen und garnieren.

82

Diana Vreeland

1903–1989

Für den Cocktail

Ergibt 2 kleine Drinks (oder 1 großen)

80 g gefrorene Himbeeren
½ Shot Limettensaft, frisch gepresst
1 Shot Einfacher Sirup (Seite 16)
2 Shots Tequila Blanco
½ Shot Triple Sec
Eiswürfel
Garnitur: 2 Blätter frische Minze und 1 essbare rote Rosenblüte

Die Himbeeren zusammen mit dem Limettensaft, dem Sirup und 180 ml Wasser im Standmixer pürieren. Die Flüssigkeit durch ein Sieb passieren, um die Kerne zu entfernen. In den Mixer zurückzugeben. Tequila und Triple Sec hinzugeben und kurz pulsiered untermixen. In ein Longdrinkglas mit Eis gießen und mit Minze sowie Rosenblüte garnieren – ein »Garten der Hölle«.

»Mode muss die berauschendste Befreiung von der Banalität der Welt sein«, erklärte Diana Vreeland einst. Für sie war Mode die wesentliche Zutat für ein erfülltes, überschwängliches und gutes Leben.

Vreeland wurde in Paris als Tochter eines Börsenmaklers und einer Frau des öffentlichen Lebens geboren und verbrachte ihre Kindheit damit, ihre angeborene Exzentrik zu pflegen – hatte aber auch das Bedürfnis, ihre vermeintlichen Schwächen zu überwinden. Zu Beginn des Ersten Weltkriegs emigrierte ihre Familie nach New York, wo Vreeland Ballettunterricht nahm. Aufgewachsen mit einer Mutter und einer Schwester, die weithin als Schönheiten galten, war Vreeland wegen ihres unkonventionellen Aussehens unsicher. Aber als sie 16 Jahre alt wurde, blühte sie innerhalb der Debütantinnenkultur regelrecht auf, trug aufwendige Kleider und auffälliges Make-up, das sie später als *Kabuki* (eine japanische Theaterform) bezeichnete – ein Look, den sie für den Rest ihres Lebens beibehielt.

Vreelands unverwechselbarer Stil führte dazu, dass sie von Carmel Snow, der Chefredakteurin von *Harper's Bazaar,* entdeckt und als Mitarbeiterin eingestellt wurde. Bei der Zeitschrift wurde Vreeland zu einer der am meisten bewunderten, respektierten und undurchschaubarsten Moderedakteurinnen aller Zeiten. Später fing sie als Redakteurin bei der *Vogue* den freigeistigen Individualismus der 1960er-Jahre ein und machte das Magazin zu einem herausragenden Modejournal seiner Zeit. Sie castete oft Models mit ungewöhnlichen Gesichtszügen und definierte so die Schönheitsstandards neu, indem sie Individualismus, Exzessivität und Wildheit förderte. In ihren späteren Jahren belebte sie das New Yorker Costume Institute am Metropolitan Museum of Art neu und verwandelte dessen Gala von einer spießigen Spendenveranstaltung in ein glamouröses Spektakel.

Vreeland war bekannt dafür, sowohl ihr Büro als auch ihre Wohnung in einem kräftigen Blutrot zu streichen. Über ihr Zuhause sagte sie: »Ich möchte, dass dieser Ort wie ein Garten aussieht, aber ein Garten der Hölle.«

Der Vreeland ehrende Drink (eine Art Agua Fresca mit Schuss) konnte keine andere Farbe haben als ein tiefes, dramatisches *Kabuki*-Rot.

Lady Gaga

geb. 1986

Für den Cocktail

1 Shot Einfacher Sirup
(Seite 16)
½ Shot Suze
½ Shot Pfirsich-Wodka
(Seite 19)
½ Shot Zitronensaft, frisch
gepresst
Eiswürfel
3 Shots Sodawasser
Garnitur: süß-säuerliche
Pfirsich-Kaubonbons

Alle Zutaten (bis auf das
Sodawasser) in einen mit Eis
gefüllten Shaker geben. Kräftig
schütteln und in ein mit Eis
gefülltes Collinsglas abseihen.
Mit auf einen Cocktailspieß
gesteckten Kaubonbons
garnieren.

Lady Gaga scheut sich nie, ihre »Freak-Flagge« auf der Bühne, der Leinwand oder dem roten Teppich wehen zu lassen. Als Popstar, Schauspielerin und Mode-Ikone beweist sie, dass es eine feine Sache ist, sich von der Masse abzuheben.

Lady Gaga wurde jedoch nicht als Berühmtheit geboren, sondern als Stefani Germanotta, Kind italo-amerikanischer Eltern, in Manhattans Upper West Side. Nach der High School, wo sie als Hauptdarstellerin in Musicals mitwirkte, besuchte sie die Tisch School of the Arts, eine Fakultät der New York University, brach das Studium jedoch im vierten Semester ab, um Rockstar zu werden. Sie färbte sich die Haare schwarz, begann, auf die Bühne zu gehen, und wurde schließlich bei einem Label unter Vertrag genommen. Als Teil ihrer Acts begann Lady Gaga, ihren Stil zu entwickeln, der von dem exzentrischen Künstler Andy Warhol und der Schauspielerin und Sängerin Liza Minnelli gleichermaßen inspiriert wurde. Das Ergebnis war ein gewagter, provokanter und manchmal androgyner Look, der Kunst mit Performance kombiniert.

Ihr erstes Album (mit den Megahits »Poker Face« und »Just Dance«) machte Lady Gaga zu einem Star, aber auch ihre ausgefallenen Mode-Entscheidungen sorgten für Schlagzeilen – wie etwa ein Pullover aus Kermit-der-Frosch-Stofftieren, ein »Fleischkleid« aus rohen Steaks und »Gürteltierschuhe« von Alexander McQueen. Später begann sie, mit unterschiedlichen Rollen zu experimentieren – darunter ein männliches Alter Ego namens Jo Calderone, als das sie in Musikvideos und sogar in einer Modestrecke der *Vogue Hommes Japan* auftrat. Jo Calderones Debüt war mit der Veröffentlichung von Gagas Album *Born This Way* verbunden, dessen Titelsong zu einer queeren Hymne wurde. In jüngster Zeit war Lady Gaga vermehrt als Hauptdarstellerin auf der Leinwand zu bewundern und spielte unter anderem in *American Horror Story, A Star is Born* und *House of Gucci* mit. Sie macht weiterhin Musik und kümmert sich um die »Little Monsters«, ihre Fanbase leidenschaftlicher Anhänger*innen.

Der Lady Gaga feiernde Cocktail enthält süß-saure Aromen – eine Hommage an die vielschichtige Persönlichkeit der Pop-Diva.

86

Chella Man

geb. 1998

Chella Man hat nie versucht, sich an die Modeindustrie anzupassen: Er hat sich seinen eigenen Platz in ihr geschaffen. Das gehörlose jüdisch-asiatische Transgender-Model ist Künstler und Schauspieler gleichermaßen und hat bewiesen, dass, wenn man sich selbst innerhalb einer Kultur nicht ausreichend öffentlich vertreten sieht, dies der perfekte Grund sein kann, selbst zur Repräsentationsfigur zu werden.

Chella Man wuchs im konservativen Pennsylvania auf, wo er sich nie wirklich zugehörig fühlte. Im Alter von vier Jahren begann er, seine Hörkraft zu verlieren, und wuchs mit der Prognose auf, irgendwann komplett gehörlos zu sein. Mit 16 bekam er zwei Cochlea-Implantate, die seine Hörfähigkeit teilweise wiederherstellten, aber seine Beeinträchtigung sichtbarer machten. Da er an einem Ort lebte, der strikte Normen für Schönheit aufstellte, hielt er sich selbst nicht für attraktiv und kämpfte mit Gefühlen von Dysphorie.

Als Man 17 Jahre alt war, besuchte der damalige Präsident Trump Man's High School, und die darauffolgenden homophoben Aktionen überzeugten den jungen Mann, dass es an der Zeit war, nach New York zu gehen. Dort angekommen, umgeben von seiner Wahlfamilie, begann er, sein Leben auf YouTube, Instagram, sowie in einer Kolumne für die Website them zu dokumentieren, und gewann dank seiner Ehrlichkeit und Demontage von Stereotypen eine große Fangemeinde. »Anstatt darauf zu warten, dass große Konzerne entscheiden, welche Gesichter in der Öffentlichkeit präsentiert werden, können wir uns alle selbst repräsentieren, indem wir ein Selfie posten oder eine Erfahrung auf Instagram teilen«, erklärte er in einem Interview im Modemagazin *L'Officiel*. 2018 nahm ihn die Modelagentur IMG Models unter Vertrag, und in den folgenden Jahren modelte Man für Marken wie Calvin Klein sowie Gap, darüber hinaus erschien er in der britischen sowie italienischen *Vogue* sowie in anderen Magazinen, während er nebenbei an seiner eigenen Kunst arbeitete. 2019 gab er sein Leinwanddebüt in der US-amerikanischen DC-Universe-Serie *Titans*, wobei er einen stummen Superhelden namens Jericho spielte.

Der Man feiernde Cocktail ist komplex und einzigartig, wie das Multitalent selbst.

Für den Cocktail

2 Shots Avocado-Wodka (Seite 19)

1 Shot Kiwi-Basilikum-Sirup (Seite 17)

¾ Shot Limettensaft, frisch gepresst

Eiswürfel

1 Eiskugel (großer Eiswürfel in Kugelform)

Garnitur: frisches Basilikum

Alle Zutaten (bis auf die Eiskugel) in einen mit Eiswürfeln gefüllten Shaker geben. Schütteln, in ein Rocksglas mit der Eiskugel absiehen und mit Basilikum garnieren.

Bill Cunningham

1929–2016

Für den Cocktail

2 Shots Weißer Rum

½ Shot Orgeat (Sirup mit Mandelgeschmack)

¾ Shot Mango-Nelken-Sirup (Seite 17)

1 Shot ungesüßte Cream of Coconut

¾ Shot Limettensaft

Crushed Ice

Garnitur: essbare Orchideenblüte, Ananasblatt und Limettenschale

Alle Zutaten in einen mit Crushed Ice gefüllten Shaker geben. Kräftig schütteln und in ein Tiki-Glas füllen. Mit einer üppigen Mischung aus tropischer Flora garnieren und mit einem Edelstahl-Trinkhalm servieren.

Der angesehene Fotograf Bill Cunningham dokumentierte mit seiner Kamera über 40 Jahre lang die Modeströmungen auf den Straßen von New York.

Cunningham, in Boston geboren, liebte die Mode von klein auf. In der Mittelschule begann er, Hüte aus Stoffresten zu entwickeln, und machte das Beobachten von Menschen (und dem, was sie trugen) zu seinem Hobby. Mit einem Stipendium wurde er an der Harvard University aufgenommen, brach das Studium aber bald ab und zog nach New York. Dort eröffnete er seine eigene Hutmacherei und arbeitete für Chez Ninon, eine Boutique, die anspruchsvolle Kopien von Designermode an Top-Kundinnen wie Marilyn Monroe und »Jackie« Kennedy Onassis verkaufte.

Durch seine Verbindungen bei Chez Ninon arbeitete Cunningham für die *Women's Wear Daily* und später für die *Chicago Tribune*, wo er begann, Menschen auf der Straße zu fotografieren – im Gegensatz zu anderen Society-Fotografen jener Zeit, die gut gekleidete Damen auf der Rennbahn oder bei Veranstaltungen mit Prominenten ablichteten. Ein Schnappschuss, der eine Frau im Nutria-Mantel zeigt, entpuppte sich als eine Aufnahme von Greta Garbo. Das beeindruckte die *New York Times* so sehr, dass sie 1978 begann, Cunninghams Fotos zu veröffentlichen.

Cunninghams Rubrik trug den Titel »On the Street«, und er fotografierte meist von der Fifth Avenue, Ecke 57th Street aus. Er lichtete bevorzugt Menschen ab, die kreativ oder exzentrisch gekleidet waren (Iris Apfel und Anna Piaggi etwa waren zwei seiner Lieblingsmotive). Er war häufig unterwegs in der Stadt und bekannt für seinen charakteristischen Look, bestehend aus blauer Arbeiterjacke, schwarzen Turnschuhen und Kamera, sowie dafür, dass er ausschließlich mit dem Fahrrad unterwegs war. Sein Status als beliebte Ikone wurde 2010 durch den Dokumentarfilm *Bill Cunningham New York* gewürdigt, in dem Anna Wintour denkwürdig feststellt: »Wir ziehen uns alle für Bill an.«

Der von Cunningham inspirierte Cocktail ist wunderbar exzentrisch – wie die außergewöhnlichen Menschen, die er so gerne fotografierte.

Rei Kawakubo

geb. 1942

Für die brillante und schwer fassbare Rei Kawakubo gilt, »bizarr ist gleich schick« – und missverstanden zu werden, gehört zum Spaß an der Mode dazu. Die kantige japanische Designerin kreiert mit kultischer Hingabe absichtlich zerrissene und deformierte Kleidungsstücke, die ihren Träger*innen das Gefühl geben, exquisit radikal und Teil von etwas Besonderem zu sein.

An der Keiō-Universität in Tokio studierte Kawakubo Geschichte der Ästhetik und arbeitete nach ihrem Abschluss zunächst in der Werbebranche. Sie stellte Requisiten und Kostüme für Shootings von Textilfirmen zusammen und machte sich schließlich als Stylistin selbstständig. Wenn sie das perfekte Outfit für einen Job nicht finden konnte, machte sie es einfach selbst. Bald hatte sie ihr eigenes Damenmode-Label, Comme des Garçons, das in Japan populär wurde. Aber als Kawakubo Anfang der 1980er-Jahre auf der Pariser Fashion Week (zusammen mit ihrem Designerkollegen und damaligen Lebensgefährten Yōji Yamamoto) ausstellte, erregte ihre Arbeit die Aufmerksamkeit eines internationalen Publikums. Ihre aggressiv zerrissenen, einfarbigen Stücke verstörten und entzückten die Presse gleichermaßen: Man nannte ihre Kreationen »apokalyptisch« und »post-atomar«.

In den folgenden Jahren hat Kawakubo die Welt der Mode mit Kollektionen, die die herkömmliche Ästhetik über Bord warfen, immer wieder neu gestaltet. Kleider mit voluminösen, abnehmbaren Teilen verliehen ihren Träger*innen ein deformiertes Aussehen, und manche Outfits erinnerten eher an Möbel als an Kleidung. Fast ein Jahrzehnt, nachdem Kawakubo ihr Label gegründet hatte, expandierte sie dann in die Herrenmode und schuf reduzierte, asymmetrische Anzüge mit Rissen – oder Kleidungsstücke, die vollständig transparent waren. Ihre neugierig machenden fantastischen Kreationen haben viele Fans gewonnen, darunter Lady Gaga und John Waters – Menschen, die verstehen, dass bizarr durchaus schön sein kann.

Der Kawakubo gewidmete Cocktail experimentiert mit Texturen und verleiht einem köstlichen Getränk ein ungewöhnliches Mundgefühl.

Für den Cocktail

2 Shots Aloe-Vera-Saft (wie etwa der von OKF)
1½ Shots Gin
½ Shot Crème de Cassis
½ Shot Limettensaft, frisch gepresst
Eiswürfel
3 Shots Ginger Beer
Garnitur: frische Minze

Alle Zutaten (bis auf das Ginger Beer) in einen mit Eis gefüllten Shaker geben. In ein mit Eis gefülltes Collinsglas abseihen (nicht fein abseihen, sonst gehen die Aloe-Stücke verloren). Mit dem Ginger Beer aufgießen und garnieren.

92

Christian Louboutin

geb. 1963

Hohe Absätze und rote Sohlen: Das sind die Marken-zeichen von Christian Louboutin. Der französische Schuhdesigner machte Stilettos zur Hauptsache und beeinflusste die Schumode prägend mit.

Louboutin wuchs in Paris auf und war in jungen Jahren ein Lausbub: Er wurde wegen Schulschwänzens des Unterrichts verwiesen und verbrachte stattdessen seine Zeit damit, aufwendiges Schuhwerk zu skizzieren. Er wurde zu einem festen Bestandteil der Punk-Szene der Stadt und besuchte den berühmten Nachtclub Le Palace. Dass er eine dunklere Haut hatte, hob ihn von den anderen Mitgliedern seiner Familie ab, und so malte er sich eine alternative Herkunft als Ägypter aus (erst als Erwachsener fand er heraus, dass er tatsächlich das Ergebnis einer Affäre war, die seine Mutter mit einem Ägypter gehabt hatte).

Angestachelt durch seine Fantasie, reiste er als Jugendlicher nach Ägypten sowie Indien und kam mit einem Skizzenbuch voller Schuh-entwürfe zurück, zu denen ihn die Reise inspiriert hatte. Er stellte dieses Portfolio Couture-Häusern vor und bekam einen Job beim Schuhdesigner Charles Jourdan und später bei Roger Vivier, der für sich beanspruchte, den Stiletto erfunden zu haben. Louboutin war freiberuflich für Labels wie Chanel und Yves Saint Laurent tätig und eröffnete 1992 schließlich sein eigenes Atelier in Paris, in dem er die Schuhe seiner Träume entwarf. Einmal bemerkte er, dass seine Assistentin ihre Nägel rot lackierte, und in einem Geistesblitz bemalte er eine Schuhsohle mit ihrem kirschroten Nagellack. Louboutins rote Sohlen machten seine Designs sofort erkennbar und sie wurden zu Statussymbolen für stilvolle Frauen. Zu weltweitem Ruhm verhalf ihm eine seiner ersten Kundinnen, Prinzessin Caroline von Monaco. Ihr Lob führte zu einem stetigen Strom hochkarätiger Louboutin-Träger*innen, von Sarah Jessica Parker über Blake Lively bis hin zu Zendaya, die bewiesen, dass seine Designs zeitlos sind.

Der Louboutin feiernde Cocktail ist prägnant und tiefrot, ähnlich wie die Sohlen seiner Schuhe.

Für den Cocktail

12 frische Cranberries, entsteint und zerstoßen
2 Shots Wodka
Eiswürfel
1 Shot Lillet Blanc
½ Shot Maraschino-Likör
Garnitur: Cranberries

Cranberries und Wodka in einen Shaker geben. Kräftig schütteln und abseihen. Eis, Lillet Blanc und Maraschino-Likör dazugeben und kräftig schütteln, dann alles in ein Martiniglas abseihen. Mit auf einen Cocktailspieß gesteckten Cranberries garnieren.

Vivienne Westwood

geb. 1941

Die Punk-Patin und Grande Dame der Mode, Vivienne Westwood, weiß, wie man die Hölle zum Kochen bringt. Die bahnbrechende Designerin hat mit ihrer provokanten Kleidung eine ganze Subkultur mitbegründet und nutzt bis heute ihre Catwalk-Shows als Bühne für Aktivismus.

Westwoods früher Werdegang war allerdings nicht so ungewöhnlich: Sie wuchs in England in einer ländlichen Kleinstadt auf, wurde Lehrerin und stellte nebenbei Schmuck her. Doch alles änderte sich, als sie ihren ersten Mann für den Unternehmer Malcolm McLaren verließ. Damit begann eine kreative Partnerschaft, die die Ästhetik der Rebellion verändern sollte. Westwood entwarf alle Kleidungsstücke, die in den späten 1970er-Jahren in McLarens Londoner Laden verkauft wurden (der viele Namen trug, darunter SEX und Seditionaries) – sexy Artikel wie hautenge Hosen, Oberteile mit Reißverschluss und T-Shirts mit provokanten Prints. McLaren kleidete eine von ihm gemanagte Band (die Sex Pistols) in Westwoods Kreationen ein, und der Look wurde zu einem Ausdrucksmittel der Punk-Bewegung.

Nachdem der Trend abgeflaut war (und Westwoods Beziehung zu McLaren zerbrochen), wandte sie sich der Haute Couture zu und entwarf erfolgreich einflussreiche Kollektionen, die von Piraten und englischer historischer Kleidung inspiriert waren. Vor allem aber machte sie die Mode politisch, indem sie sich für Bürgerrechte, Menschenrechte und Umweltschutz einsetzte. 1989 erschien sie als Premierministerin Margaret Thatcher verkleidet auf dem Cover der Zeitschrift *Tatler*.

In jüngster Zeit widmete Westwood eine Kollektion der US-amerikanischen »Whistleblowerin« Chelsea Manning und nutzte ihre Laufsteg-Shows, um die Rechte politischer Gefangener zu unterstützen, sich für Klimagerechtigkeit einzusetzen, gegen Fracking zu protestieren und sich gegen den Brexit auszusprechen. Trotz ihrer antiautoritären Tendenzen wird sie als britische Kultur-Ikone verehrt und wurde 2006 zur »Dame« geadelt.

Der Westwood gewidmete Cocktail ist grün – genau wie die politischen Ziele seiner Namensgeberin.

Für den Cocktail

2 Shots Hendrick's Gin
1 Shot Matcha-Sirup (Seite 17)
1 Shot Zitronensaft, frisch gepresst
1 frisches Eiweiß
Eiswürfel
Garnitur: Zitronentwist

Alle Zutaten in einen mit Eis gefüllten Shaker geben und kräftig schütteln. In eine Cocktailschale abseihen und mit einem Zitronentwist garnieren.

David Bailey
geb. 1938

Der britische Fotograf David Bailey kann auf eine lange, bewegte Karriere zurückblicken, doch am bekanntesten ist er für die Dokumentation und Verkörperung des »Swinging London«. Mit seiner Kamera – und der unverzichtbaren Zusammenarbeit mit dem rehäugigen Model Jean Shrimpton – hielt Bailey den kulturellen Umbruch und die sexuelle Freiheit der 1960er-Jahre fest.

Bailey wuchs in einer Arbeiterfamilie in den östlichen Vororten Londons auf und kämpfte als Schüler mit einer nicht diagnostizierten Legasthenie. Mit 15 Jahren brach er die Schule ab und nahm verschiedene Jobs an, bis er mit 19 Jahren zum Militärdienst eingezogen wurde. Nach seiner Entlassung ein Jahr später kaufte er sich zielstrebig eine Kamera und ging bei einem Fotografen in die Lehre. Schon bald fotografierte er für die britische *Vogue* und nahm Schwarz-Weiß-Porträts von Models und Musiker*innen auf (darunter The Beatles und Mick Jagger). Baileys Bilder kanalisierten den rebellischen Zeitgeist der Ära und machten die Modefotografie zu etwas Glamourösem. In diesem Prozess wurde er selbst zu einer Berühmtheit, anerkannt und verehrt wie seine Motive.

Baileys Aufstieg zum Ruhm war mit dem von Jean Shrimpton verbunden, einem langbeinigen Model im Minirock, das durch Baileys zahlreiche Fotos von ihr Superstar-Status erlangte und selbst zu einem Sinnbild der 1960er-Jahre wurde. Während ihrer gemeinsamen Arbeit gingen die beiden eine vierjährige Beziehung ein, und Gerüchte über Baileys Liebesleben wurden zum zentralen Bestandteil seiner öffentlichen Identität. »David Bailey macht täglich Liebe« war ein bekanntes Mantra, und es kursierten Gerüchte, dass er mit jedem Model schlief, das er fotografierte – eine Vorstellung, die ihn in den freizügigen und experimentierfreudigen 1960er-Jahren zu einer Art Held der Gegenkultur machte. Sein Status als Ikone wurde durch den viel beachteten Film *Blow Up* von Michelangelo Antonioni aus dem Jahr 1966 gefestigt, ein sexbetonter Thriller über einen Modefotografen (zum Teil von Bailey inspiriert), der versehentlich einen Mord mit der Kamera festhält.

Die Cocktail-Hommage an Bailey ist stylisch und schnittig, wie das Jahrzehnt, in dem der Fotograf berühmt wurde.

Für den Cocktail

2 Shots Gin
1 Shot Limettensaft
1 Shot Vanille-Sirup (Seite 18)
Eiswürfel
Garnitur: Limettenrad

Alle Zutaten in einen mit Eis gefüllten Shaker geben. Gründlich schütteln, durch ein feines Sieb in ein Cocktailglas abseihen und garnieren.

Josephine Baker

1906–1975

Temperamentvoll, ausgelassen und in unvergessliche, luxuriöse Outfits gekleidet, war die Tänzerin Josephine Baker die Stilikone des Pariser Jazz-Zeitalters der 1920er-Jahre. Ihre ikonoklastische Modewahl, ihr unabhängiger Lebensstil und ihr unerschütterlicher Einsatz für die Bürgerrechte der Schwarzen machten sie zu einer Heldin für Frauen aller Generationen.

Bakers Traum, ein außergewöhnliches, kreatives Leben zu führen, wurde schon früh geweckt und entstand teilweise aus der Not heraus. Als Kind lebte sie in St. Louis, Missouri, in Armut und hielt sich teilweise mit dem über Wasser, was sie beim Tanzen an Straßenecken verdiente. Mit nur 13 Jahren wurde sie verheiratet, ließ sich aber bald scheiden und ehelichte den Zugbegleiter Willie Baker, dessen Nachnamen sie zeitlebens beibehielt. Ihre tänzerische Karriere startete mit 16 Jahren am Standard Theatre in Philadelphia, danach ging sie nach New York und tourte mit einer Vaudeville-Truppe ein halbes Jahr durch die USA. Doch Bakers Weg führte sie schließlich nach Paris, wo amerikanischer Jazz angesagt und die Gesellschaft Schwarzen Künstler*innen gegenüber aufgeschlossener war als in den damals rassentrennenden Vereinigten Staaten. Sie zog 1925 in die französische Metropole und wurde zu einer Sensation – bekannt für ihren wilden, ungehemmten Tanzstil, den sie oft in aufreizenden Outfits vorführte, manchmal begleitet von ihrem »Haustier«, dem Geparden Chiquita. Berühmt wurde sie vor allem für zwei Darbietungen: den »Danse Sauvage«, den sie oben ohne in einem kurzen Röckchen aus Federn darbot, und den »La Folie du Jour«, für den sie eine Art »Tutu« aus Bananen anlegte. Bakers Popularität fiel mit dem Aufkommen der Art-déco-Bewegung zusammen, und ihr Bild wurde zu deren modischem Ideal. Sie zählte Künstler- und Literaturgrößen wie Pablo Picasso und Ernest Hemingway zu ihren Freunden; abseits der Bühne trug sie Couture-Stücke von Designern wie Dior und Chanel. Berichten zufolge erhielt sie Tausende von Heiratsanträgen von Verehrern.

Baker war auch politisch aktiv. Während des Zweiten Weltkriegs arbeitete sie für die französische Résistance, indem sie ihre Notenblätter zum Schmuggeln von Nachrichten benutzte. Als sie nach dem Krieg wieder in den USA auftrat, weigerte sie sich, für ein segregiertes Publikum zu tanzen, und wurde so zu einer Aktivistin für Gleichberechtigung.

Der Baker gewidmete Cocktail greift eine Zutat auf, die bei ihren Kostümen eine wichtige Rolle spielte: Bananen.

Für den Cocktail

2 Shots Weißer Rum
1 Shot Bananen-Sirup (Seite 16)
Eiswürfel
2 TL extrafette Sahne
Garnitur: gemahlener Zimt

Alle Zutaten in einen mit Eis gefüllten Shaker geben und kräftig schütteln. In ein Nick-&-Nora-Glas abseihen und mit einer Prise gemahlenem Zimt garnieren.

100

Munroe Bergdorf

geb. 1987

Munroe Bergdorfs Karriere in der Mode beruht darauf, dass sie für ihre Überzeugungen eingetreten ist. Als glamouröses und freimütiges Model ist sie auch Aktivistin und nutzt ihre Plattformen, um die soziale Empathie zu fördern und sich für BIPoC- und Transgender-Rechte einzusetzen.

Bergdorf wuchs in einer konservativen, vorwiegend weiß geprägten Kleinstadt in der Nähe von London auf, wo die Erfahrung, sich als Außenseiterin zu fühlen und gemobbt zu werden, ihr Weltbild prägte. Bergdorf fand in ihrer Jugend bei ihren Freundinnen Halt und fühlte sich dank der engen Bindung zu ihnen als Teil einer Gruppe. In Cyndi Lauper fand sie ein Vorbild: Sie bewunderte den ikonoklastischen Look und den Sound der Sängerin, ihr Selbstvertrauen und ihre Gelassenheit – und wie sie sich mit ihrer Musik für Randgruppen einsetzte. Als Erwachsene begann Bergdorf eine Karriere in der Mode-PR. Sie knüpfte im Londoner Nachtleben wertvolle Kontakte und fand eine stützende Community. Im Alter von 24 Jahren startete sie ihre Transformation und half bei der Gründung von Pxssy Palace mit, einer Clubnacht für queere, nichtbinäre, trans- und intersexuelle People of Color.

2011 begann sie schließlich zu modeln und 2015 wirkte sie in einer Kampagne für den japanischen Bekleidungseinzelhändler Uniqlo mit. Bergdorf wusste, dass dies für eine »Trans Woman of Color« eine echte Chance darstellte, zum »Role Model« zu werden. Im Jahr 2017 schoss ihr Ruhm in die Höhe, als sie als erstes Transgender-Model zum Gesicht einer Beauty-Kampagne von L'Oréal UK wurde. Nach einer dramatischen Reihe von Ereignissen, bei denen Bergdorf gegen systemischen Rassismus und weiße Privilegien rebelliert hatte, wurde sie von der Marke entlassen, während der George-Floyd-Proteste im Jahr 2020 aber wieder in deren Beirat für Vielfalt und Inklusion aufgenommen. Ihr erstes Buch, *Transitional*, beschäftigt sich mit der Transformation und damit, dass Veränderung, Entwicklung und Blüte Bestandteile der menschlichen Natur sind.

Auch der Bergdorf gewidmete Cocktail erblüht, und zwar mit Aromen von Rosen und weißer Schokolade.

Für den Cocktail

1½ Shots Gin
½ Shot Lillet Blanc
¼ Shot Weiße Crème de Cacao
½ Shot Rosenwasser-Sirup (Seite 18)
¾ Shot Zitronensaft, frisch gepresst
Eiswürfel
Garnitur: rosafarbene und weiße essbare Mini-Rosenblüten

Alle Zutaten in einen mit Eiswürfeln gefüllten Shaker geben. Kräftig schütteln, durch ein feines Sieb in eine Cocktailschale abseihen und garnieren.

102

Helmut Newton

1920–2004

Als Sex-Provokateur hat Helmut Newton dazu beigetragen, die vorhersehbaren Porträts innerhalb der Modefotografie in spannende Style-Geschichten zu verwandeln.

Newtons frühes Leben war voller Gefahren. Als Helmut Neustädter in einer deutsch-jüdischen Familie geboren, wuchs er in Berlin auf und kaufte sich mit 12 Jahren seine erste Kamera. Als er 18 wurde, verschärfte sich die Judenverfolgung in Nazideutschland, und er floh, kurz nach der Kristallnacht, aus dem Land. Nach einer Zeit in Singapur, wo er als Gigolo arbeitete, zog er nach Australien und eröffnete ein Fotostudio. Aber erst nach seinem Umzug nach Frankreich wurde er berühmt. Newton erhielt 1956 einen Vertrag bei der britischen *Vogue* und zog 1961 nach Paris, wo er zunächst als Freelancer für die französische *Vogue* und *Harper's Bazaar* arbeitete. Seine Fotografien – oft in Schwarz-Weiß gehalten, mit nackten oder halbnackten amazonenhaften blonden Modellen, die an erotischen, manchmal sadomasochistischen Aktivitäten beteiligt waren – brachten ihm den Spitznamen »King of Kink« (»König der Versautheit«) ein.

Newtons Aufstieg profitierte von der sexuellen Befreiung der 1960er- und 70er-Jahre, die auch die dunklen Seiten von Prostitution und Pornografie ins Rampenlicht rückte (Themen, denen er in seiner fotografischen Arbeit nachging). Obwohl Kritiker*innen ihm Frauenfeindlichkeit vorwarfen, berichteten viele seiner Modelle, dass seine Bilder für sie eine Form von »empowerment« darstellten. Zusammen mit der Fotografin Deborah Turbeville und dem Fotografen Guy Bourdin wird ihm zugeschrieben, die Modefotografie in eine dunkle, aufrührerische und manchmal schockierende Richtung geführt zu haben, und seine einflussreichen Arbeiten brachten Legionen von Nachahmungen hervor.

In seinen späteren Jahren lebte Newton abwechselnd in Monte-Carlo und in Hollywood; 2004 starb er bei einem Autounfall, nachdem er mit seinem Cadillac vom berühmten Chateau Marmont Hotel in Los Angeles aus losgefahren war. Posthum wurden mehrere Bildbände mit seinen Fotos veröffentlicht, sowie eine letzte Strecke in der *Vogue,* mit einem Modell, das auf einem Nagelbrett posiert.

Der Newton gewidmete Drink verwendet das Aroma von selbst gemachter Limonade und verleiht dieser einen subversiven, würzigen Twist.

Für den Cocktail

2 Shots Tequila Blanco
1 Shot Jalapeño-Sirup (Seite 17)
1 Shot Zitronensaft, frisch gepresst
1 Shot Ananassaft
3 Shots Sodawasser
Eiswürfel
Garnitur: Ananasblatt

Alle Zutaten (bis auf das Sodawasser) in einen mit Eis gefüllten Shaker geben. Kräftig schütteln und in ein mit Eis gefülltes Collinsglas abseihen. Mit dem Sodawasser aufgießen und mit einem Edelstahl-Trinkhalm vorsichtig umrühren. Mit einem Ananasblatt garnieren und inklusive Edelstahl-Trinkhalm servieren.

Virgil Abloh

1980–2021

Virgil Ablohs Arbeit definierte Luxus für die heutige Generation neu. Der viel zu früh verstorbene multidisziplinäre Designer, Künstler, DJ und Künstlerische Leiter bei Louis Vuitton war bekannt für seine fast schon übernatürliche Fähigkeit, Zeitgeist in Mode zu übersetzen.

Abloh wuchs in den 1980er-Jahren in einem typischen Mittelschichtsmilieu außerhalb von Chicago auf: Er bewunderte Michael Jordan beim Basketballspielen, hörte Bands wie N.W.A. und Guns n' Roses und stand auf Skateboarding (allerdings brachte seine Mutter ihm auch das Nähen bei). Nach der High School studierte er Bauingenieurwesen, spielte Fußball und legte an den Wochenenden als DJ unter dem Künstlernamen Flat White auf. Danach erwarb er einen Masterabschluss in Architektur mit Schwerpunkt auf Mies van der Rohe und Rem Koolhaas. Die Arbeit von Koolhaas weckte Ablohs Interesse an Mode, und 2009 absolvierte er ein Praktikum bei dem Modeunternehmen Fendi, an der Seite von Kanye West. Bald wurden die beiden Freunde sowie Geschäftspartner, und Abloh übernahm die Rolle des Kreativdirektors bei Donda, Wests Kreativagentur. Im Jahr 2011 brachte ihm sein Design für Jay-Z's und Wests Album *Watch the Throne* eine Grammy-Nominierung ein.

Ablohs erster Ausflug in die Welt des Modedesigns erfolgte 2012 mit Pyrex Vision – einer Linie, für die er das Wort »Pyrex« und die Nummer 23 (Michael Jordans Trikotnummer) auf ausgeblichene Ralph-Lauren-Flanellhemden druckte. Im folgenden Jahr benannte er Pyrex Vision in Off-White um. Die Visitenkarte des Labels war die wiederholte Verwendung von Anführungszeichen, die den Kleidungsstücken eine gewisse Ironie verliehen: ein schwarzes Kleid mit dem Aufdruck »Little Black Dress« oder ein Sweatshirt mit der Aufschrift »Business Casual«. Die Linie avancierte schnell zur angesagtesten Streetwear-Marke der Welt, und Abloh wurde für den LVMH-Preis nominiert. Im Jahr 2018 wechselte er zu einer traditionsreichen Luxusmodemarke, indem er die Stelle als Künstlerischer Leiter der Herrenkollektionen von Louis Vuitton annahm. Mit Ablohs Tod in Folge einer seltenen Krebserkrankung verlor die Welt im Jahr 2021 einen wahren Mode-Rockstar, dessen disruptive, kreative Energie noch lange zu spüren sein wird. Der ihm gewidmete Cocktail ist »off-white-lässig« und extrem stylisch.

Für den Cocktail

2 Shots Wodka
1 Shot Grapefruitsaft, frisch gepresst
1 Shot St-Germain-Likör
1 frisches Eiweiß
Eiswürfel
4 Shots Sodawasser

Alle Zutaten (bis auf das Sodawasser) ohne Eiszugabe in einen Shaker geben und 15 Sekunden schütteln. Eiswürfel hinzufügen und weitere 20 Sekunden schütteln. In ein Collinsglas abseihen und mit Sodawasser auffüllen. Mit einem abwischbaren Marker »COCKTAIL« auf das Glas schreiben.

106

Harry Styles

geb. 1994

Für den britischen Popsänger Harry Styles ist das Experimentieren mit Mode ein wesentlicher Bestandteil des kreativen Prozesses. Mit seiner spielerischen, Grenzen sprengenden Art sich zu kleiden, beweist er, dass Männermode ausdrucksstark, lustig und frei von genderspezifischen Erwartungen sein kann.

Styles, der in der nordenglischen Stadt Redditch aufgewachsen ist, hatte seinen großen Durchbruch im Alter von 16 Jahren, als er in *The X Factor*, einer britischen Castingshow für Musiktalente, auftrat. Er war nicht der Gewinner, wurde aber zusammen mit vier anderen Teilnehmern ausgewählt, um eine Boyband zu bilden: One Direction, abgekürzt »1D«. Der Aufstieg der Band war kometenhaft, und 1D gewann eine leidenschaftliche Fangemeinde, die gebannt jeden Schritt ihrer Idole verfolgte. Als Mitglied der erfolgreichen Boygroup entwickelte Styles sein Auftreten in der Öffentlichkeit weiter und nahm einen pfauenartigen, glamourösen Look im Stil der 1970er-Jahre an, der rosa Anzüge, Paillettenoberteile und hohe Absätze beinhaltete. 2015 startete Styles eine Solo-Musikkarriere und übernahm Filmrollen. Gleichzeitig »adoptierte« ihn Alessandro Michele, der Kreativdirektor von Gucci, als seine Muse. Als Styles in diesem Jahr bei den American Music Awards einen geblümten Gucci-Anzug trug, sorgte der Look für Aufsehen und inspirierte empörte Postings wie »Was zur Hölle trägt Harry Styles denn da?« sowie ebenso begeisterten Zuspruch.

Seitdem haben Styles' ästhetische Entscheidungen regelmäßig für Schlagzeilen gesorgt: Oberteile mit Pussy-Bow-Kragen, Perlenketten und Anzüge mit weit ausgestellten Hosenbeinen – ausgewählt sowohl aus Männer- als auch Damenkollektionen – zeugen von Kreativität und einer Ausweitung des Begriffs Herrenmode. In einem Beitrag, der seinen Auftritt als erstes männliches Solo-Model auf dem Cover der *Vogue* begleitete, sagte er: »Immer wenn man in seinem eigenen Leben Barrieren errichtet, schränkt man sich selbst ein. Es macht so viel Spaß, mit Kleidung zu spielen.«

Der von Styles inspirierte Cocktail ist extravagant, verspielt und wird mit einer ganz besonderen kleinen »Perlenkette« garniert.

Für den Cocktail

Ergibt 2 Portionen

1 Rezeptmenge Rosé-Eiswürfel (Seite 19)

3 Shots Blaubeer-Minz-Sirup (Seite 16)

1 Shot Wodka

1 Shot Zitronensaft, frisch gepresst

Garnitur: frische Minze und 3 kleine Frucht-Joghurt-Gums

Alle Zutaten im Mixgerät glatt pürieren und in eine Cocktailschale gießen. Mit auf einen Cocktailspieß gesteckten Joghurt-Gums sowie frischer Minze garnieren.

108

Alexa Chung

geb. 1983

Als Londoner It-Girl und Multitalent verzaubert Alexa Chung die Modewelt seit den frühen 2000er-Jahren mit ihrem Stilbewusstsein. Chung ist nicht nur mit Leichtigkeit eine überaus charmante Moderatorin, sondern auch eine fähige Designerin und Autorin, die dem Wandel der Zeit mit einem Look begegnet, der wirklich einzigartig ist.

Chung hat britisch-chinesische Wurzeln und wuchs in einem Mittelschichts-Haushalt im englischen Dorf Privett auf. Im Alter von 16 wurde sie während des riesigen Reading Festivals entdeckt, was sie dazu veranlasste, ihre Pläne, am King's College Englisch zu studieren, aufzugeben und stattdessen zu modeln. Das frischgebackene Nachwuchstalent war bald in Teenager-Modezeitschriften wie *Elle Girl* und *CosmoGIRL!* zu sehen, gab ihre Modelkarriere aber nach vier Jahren wieder auf, da ihr Selbstwertgefühl darunter litt.

Danach ging es für Chung steil bergauf: Ab 2006 moderierte sie mehrere britische Fernsehsendungen über Style und Popkultur und wurde für ihren selbstironischen Humor und ihren schrulligen, burschikosen und zugleich mädchenhaften Sinn für Mode berühmt. Ihre Beliebtheit in Großbritannien verhalf ihr zu Jobs in den USA, wo sie Sendungen für MTV und NBC moderierte. Bis 2009 war Chung die herausragende internationale Muse des Hipster-Stils, und ihre charakteristischen individuellen Looks inspirierten eine ganze Armee von Nachahmer*innen. Als eine Art moderne Jane Birkin war ihr Ruhm so gefestigt, dass die Marke Mulberry eine »Alexa«-Handtasche herausbrachte, nachdem Chung einen Vintage-Aktenkoffer in ihre Looks integriert hatte – das coole Accessoire wurde zu einer der begehrtesten Designertaschen der damaligen Zeit.

Etwa zur gleichen Zeit wurde Chung auch als Autorin aktiv und schrieb für die britische *Vogue* und andere Magazine. 2013 veröffentlichte sie mit großem Erfolg ihr Buch *It*, das an ein Tagebuch erinnert und persönliche Texte, Zeichnungen und Fotografien enthält.

Es war nur eine Frage der Zeit, bis jemand mit einem derart angeborenen Sinn für Kleidung zur Designerin wurde. 2017 wagte Chung den Sprung und gründete ihr eigenes Modelabel (Alexa-Chung), das ihre eklektische, vom Vintage-Stil geprägte Ästhetik widerspiegelt.

Der Chung gewidmete Cocktail spielt auf einen Retro-Klassiker an, den Cobbler.

Für den Cocktail

2 Shots Alvear Sherry
½ Shot Chambord
¾ Shot Kokoswasser-Sirup (Seite 17)
½ Shot Zitronensaft, frisch gepresst
Eiswürfel
Crushed Ice
Garnitur: Kirschen und frische Minze

Alle Zutaten in einen mit Eiswürfeln gefüllten Shaker geben und kräftig schütteln. In ein mit Crushed Ice befülltes Collinsglas abseihen und mit Kirschen sowie Minze garnieren.

110

Irving Penn

1917–2009

Für den Cocktail

2 Shots Bourbon

1 Shot Einfacher Sirup (Seite 16)

1 Shot Zitronensaft, frisch gepresst

1 Shot vollmundiger Rotwein

1 frisches Eiweiß

4 Shots Sodawasser

Garnitur: Cocktailkirsche und Zitronentwist

Ohne Eiszugabe alle Zutaten (bis auf das Sodawasser) in einen Shaker geben. 15 Sekunden schütteln. Die Eiswürfel hinzufügen und alles gründlich schütteln. In ein Collinsglas abseihen und mit dem Sodawasser auffüllen. Mit einer Cocktailkirsche und einem Zitronentwist auf einem Cocktailspieß garnieren.

Mit seinen atemberaubenden, minimalistischen Fotografien verwischte Irving Penn die Grenze zwischen Mode- und Kunstfotografie. Die technischen und stilistischen Innovationen und kraftvoll-zurückhaltenden Porträts des US-amerikanischen Fotografen haben die Vorstellungen von Stil bis heute beeinflusst.

Als Sohn russisch-jüdischer Einwanderer wuchs Penn in New Jersey sowie Philadelphia auf und studierte bei dem legendären Art Director Alexey Brodovitch am Pennsylvania Museum and School of Industrial Art; er arbeitete auch als Brodovitchs Assistent für *Harper's Bazaar*. Zunächst galt Penns Leidenschaft der Malerei, aber nachdem er ein Jahr in Mexiko und im Süden der USA verbracht hatte, um zu malen und zu fotografieren, warf er enttäuscht alle seine Leinwände weg. Zurück in New York arbeitete er in der Kunstabteilung der *Vogue*, wo Art Director Alexander Liberman die Bilder von Penns Reise sah und ihn ermutigte, für die Zeitschrift zu fotografieren.

Penns Bilder für die *Vogue* in der Nachkriegszeit revolutionierten die Bildsprache der Modefotografie. Während Vorgänger*innen wie Cecil Beaton aufwendige Kulissen bevorzugt hatten, verzichtete Penn auf aufwendige Inszenierungen. Er fotografierte seine Modelle häufig vor einem schlichten Hintergrund und bei natürlichem Licht, wobei er den Fokus auf Person und Kleidung setzte.

Viele von Penns bemerkenswertesten Aufnahmen zeigen das Fotomodell Lisa Fonssagrives, eine klassisch ausgebildete Tänzerin, die er später heiratete. Seine Aufnahme von ihr in einem dunklen Meerjungfrauenkleid von Rochas, das sich skulptural vor einem grauen Vorhang abzeichnet, ist eines der ikonischsten Bilder in der Geschichte der Modefotografie. Penn experimentierte auch mit Edeldruckverfahren, die seinen Fotos mehr Detailschärfe und Reichtum verleihen sollten, und in den 1960er- und 70er-Jahren belebte und perfektionierte er den Platindruck. Er blieb bis zum Ende seines Lebens außerordentlich kreativ und fotografierte bis in seine 90er-Jahre Kunst, Stillleben, Mode und Porträts.

Der von Penn inspirierte Cocktail ist skulptural und dramatisch, wie viele der berühmten Aufnahmen des Fotografen.

Jane Birkin

geb. 1946

Jane Birkin ist die ursprüngliche Muse der Bohème. Die britisch-französische Schauspielerin und Chansonnette, die für ihre leidenschaftliche Romanze und musikalische Zusammenarbeit mit dem französischen Sänger Serge Gainsbourg bekannt ist, war der Inbegriff der unverkrampften Coolness der 1960er- und 70er-Jahre.

Birkin, die in London aufwuchs, begann in den Swinging Sixties mit der Schauspielerei und wirkte in Filmen wie *Blow Up* und *Wonderwall* mit. 1969 spielte sie in dem französischen Film *Slogan* an der Seite von Gainsbourg – was den Beginn einer heißen Liebesbeziehung darstellte. Die Romanze faszinierte und wurde zum Skandal, als die beiden das Duett »Je t'aime ... moi non plus« veröffentlichten, das Gainsbourg ursprünglich für Brigitte Bardot geschrieben hatte. Der sexuell anzügliche Text und Birkins gehauchter simulierter Orgasmus führten dazu, dass das Lied aus dem Radio verbannt und vom Vatikan angeprangert wurde – was den Song (und das Paar) nur noch populärer machte.

Birkins Freigeistigkeit zeigte sich nicht nur in ihrer Musik, sondern auch in ihrem Stil. In einer Zeit, in der Glamour und Extravaganz die Norm waren, entschied sie sich für eine luftige Schlichtheit. Sie trug ihr Haar lang, mit Pony, und kleidete sich in Jeans, T-Shirts, weiße Schlaghosen und schulter- oder bauchfreie Blusen. Sie mochte es, wenn ihre Kleidung verlebt aussah, und sagte einmal: »Ich kaufe oft Klamotten, aber ich schlafe zwei Wochen darin, und dann sehen sie wirklich ziemlich ramponiert aus.« Sie war berühmt dafür, ihre Habseligkeiten in einer großen Flechttasche bei sich zu tragen. Und als sie einmal während eines Fluges von Paris nach London zufällig mit einem Vorstandsvorsitzenden von Hermès ins Gespräch kam, erklärte sie ihm, dass sie keine Ledertasche finden könne, die ihr gefiel und in der alles Platz fand, was sie benötigte. Inspiriert davon designte das Unternehmen eine Tasche und benannte sie nach Birkin – und so ist die »Birkin Bag« seit Jahrzehnten ein begehrtes und stilvolles Statussymbol.

Der Birkin gewidmete Cocktail ist ebenfalls ein schlichter und zeitloser Klassiker.

Für den Cocktail

2 Shots trockener Gin
¾ Shot Rosmarin-Sirup (Seite 18)
4 Shots Tonic Water
Eiswürfel
Garnitur: 1 Rosa-Grapefruitspalte, 1 Zitronenspalte, 10 Wacholderbeeren und 1 Zweig frischer Rosmarin

Gin und Rosmarin-Sirup in ein zu drei Vierteln mit Eis befülltes Copa-de-Balon-Glas gießen. Mit dem Tonic Water auffüllen und garnieren.

Waris
Ahluwalia

geb. 1974

Für den Cocktail*

1½ Shots Ingwer-Zitronen-Tee (Seite 19)

1 Shot Rooibos-Sirup (Seite 18)

1 Shot Zitronensaft, frisch gepresst

1 frisches Eiweiß

1 Spritzer Angosturabitter**

Eiswürfel

Garnitur: kandierter Ingwer

Alle Zutaten in einen mit Eis gefüllten Shaker geben. Kräftig schütteln und in eine Cocktail-schale abseihen. Mit kandierten Ingwerstücken auf einem Cock-tailspieß garnieren.

* Dies ist ein Low-ABV-Cocktail.
** Der Angosturabitter kann weggelassen werden, um diesen Cocktail zu einem alkoholfreien Drink zu machen.

Der unverwechselbare Waris Ahluwalia hat sich zu einer Stilikone entwickelt, indem er sich selbst stets treu blieb. In Brooklyn, wo er aufwuchs, war Ahluwalia als Sikh der einzige Schüler an seiner High School, der einen Turban trug. Das Anderssein lehrte ihn eine wichtige Lektion: »Es ist nicht mein Lebensziel, mich anzupassen«, sagte er einmal.

Ab 2004 wurde er als Lieblingsschauspieler des schrulligen Regisseurs Wes Anderson zu einem denkwürdigen Leinwandstar, der unter anderem in *Die Tiefseetaucher*, *The Darjeeling Limited* und *Grand Budapest Hotel* mitwirkte. Ahluwalias schlanke, maßgeschneiderte Anzüge, gepaart mit schillernden Accessoires und farblich abgestimmten Turbanen, machten ihn zu einer eigenwilligen Inspiration für ein Publikum, das es nicht gewohnt war, Turbane im modischen Kontext zu sehen. Ahluwalias unverwechselbare Präsenz führte zu weiteren Filmrollen, wie etwa in *Inside Man* und *Beeba Boys*.

Abseits der Leinwand war Ahluwalia Stammgast bei den ange-sagtesten Events in New York – und aufgrund seines dandyhaften Looks eine Zeit lang einer der meistfotografierten Männer der Stadt. Sein ausgeprägter Sinn für Ästhetik führte ihn auch zu mehreren Ausflügen in die Modebranche – zunächst als Schmuckdesigner für seine eigene Linie The House of Waris, und von dort aus in die Zusammenarbeit mit Marken wie A.P.C., Kenzo, Gucci, GAP und The Kooples. In jüngster Zeit gründete er ein Tee-Unternehmen, The House of Waris Botanicals.

Als einer der sichtbarsten Vertreter der Sikh-Kultur in der westlichen Welt ist Ahluwalia auch ein Aktivist. 2016 protestierte er in den Sozialen Medien, als die Fluggesellschaft Aeroméxico ihn nicht an Bord einer Maschine ließ, weil er sich weigerte, seinen Turban abzunehmen. Im selben Jahr wurde in New York der 19. Oktober zum Waris-Ahluwalia-Tag erklärt, um dessen Einsatz für mehr Toleranz zu würdigen.

Der Ahluwalia gewidmete Cocktail, ein Zero-Proof-Sour, baut auf zwei Sorten des Lieblingsgetränks seines Namensgebers auf: Tee.

David Bowie

1947–2016

Die Rocklegende David Bowie war einer der kreativsten und vielseitigsten Künstler der Popgeschichte. Er nutzte Kleidung und Make-up, um bei seinen Auftritten Personen zu verkörpern, die die Popkultur sowohl widerspiegelten als auch prägten.

Der als David Jones geborene Bowie wuchs in einem Arbeiterhaushalt in einem Londoner Vorort auf und spielte schon als Teenager in Bands. Im Alter von 17 experimentierte er mit Kostümen und trat in einer Robin-Hood-ähnlichen Verkleidung mit kniehohen Stiefeln und gelb gefärbtem Haar auf. Zu dieser Zeit nahm er auch seinen Künstlernamen an: David Bowie.

Nach der Veröffentlichung eines ersten Albums, das kommerziell gesehen floppte, studierte Bowie bei Lindsay Kemp, einem professionellen Tänzer und Pantomimen. Er wandte Kemps Lektionen zur Figurenentwicklung in seiner eigenen musikalischen Arbeit an, beginnend mit »Space Oddity«, einem Lied über einen Astronauten namens Major Tom, der sich im Weltraum verirrt. Bowies Experimente mit seiner Persönlichkeit und seinem Look entwickelten sich in späteren Alben weiter. Für *The Man Who Sold the World* spielte er mit den Geschlechtsidentitäten und ließ sich auf dem Cover in einem langen, fließenden Kleid ablichten – und wurde so zu einer androgynen Mode-Ikone. Dann trat er in dem Konzeptalbum *Ziggy Stardust* als seine vielleicht denkwürdigste Figur auf: ein promiskuitiver außerirdischer Rockstar mit einem leuchtend orange-roten Vokuhila-Haarschnitt und avantgardistischen Kostümen, entworfen von dem japanischen Modedesigner Kansai Yamamoto. Als Bowie nach Los Angeles umzog, wurde er zum »Thin White Duke«, einem »durchgeknallten Aristokraten« mit zurückgegeltem blonden Haar und schmal geschnittenem Anzug – ein Look, der sich stark an Kabarettfiguren der Weimarer Republik anlehnte, wie etwa Marlene Dietrich sie verkörperte.

Später in seiner Karriere verabschiedete sich Bowie von diesen Figuren. Er experimentierte jedoch weiterhin mit Ton und Bild, darunter eine denkwürdige Zusammenarbeit mit Alexander McQueen, der 1997 die Kostüme für Bowies *Earthling Tour* entwarf (einschließlich des berühmten Union-Jack-Mantels). Auch in Bowies letztem Werk, *Blackstar*, ging es um Performance: Das Album verhandelte die Themen Tod und Wiedergeburt und wurde zwei Tage vor Bowies Ableben veröffentlicht.

Der an Bowie erinnernde Cocktail ist leuchtend orange, genau wie die Löwenmähne von Ziggy Stardust.

Für den Cocktail

1½ Shots Aperol
1½ Shots Bourbon
1½ Shots weißer Wermut
1½ Shots Zitronensaft, frisch gepresst und vom Fruchtfleisch befreit
Eiswürfel
Garnitur: Zitronenschale

Alle Zutaten in einen mit Eis gefüllten Shaker geben. Kräftig schütteln und in eine Cocktailschale abseihen. Mit einem Stück in Blitz-Form geschnitter Zitronenschale garnieren.

Pat McGrath

geb. 1970

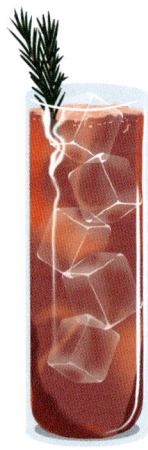

Für den Cocktail

2 Shots Pisco

2 Shots Blutorangensaft, frisch gepresst und gefiltert

1 Shot Einfacher Sirup (Seite 16)

½ Shot Limettensaft, frisch gepresst

Eiswürfel

2 Shots Sodawasser

Garnitur: 1 Zweig Rosmarin

Alle Zutaten (bis auf das Sodawasser) in einen mit Eis gefüllten Shaker geben. Gründlich schütteln und in ein mit Eis gefülltes Collinsglas abseihen. Mit dem Sodawasser auffüllen und mit dem Rosmarin garnieren.

Für Pat McGrath ist nackte Haut eine Leinwand mit unbegrenztem kreativem Potenzial. Als wohl einflussreichste Visagistin der Welt hat sie mit ihren kühnen, farbenfrohen Looks unauslöschliche Eindrücke hinterlassen.

Aufgewachsen im englischen Northampton lernte McGrath Schönheit schätzen, indem sie ihre Mutter beobachtete, die ihr beibrachte, wie man Make-up und Kleidung geschickt aufeinander abstimmt und Pigmente in Schminke mischt, um neue Farbtöne zu kreieren. Als Teenager fühlte sich McGrath zur Subkultur der New-Romantic hingezogen, die die Poetik des 19. Jahrhunderts mit der Ästhetik des Glam-Rock kombinierte und auf üppig-theatralisches Make-up setzte. Als McGrath eines Tages kunstvoll geschminkt vor den Büros von BBC Radio 1 auf die Band Spandau Ballet wartete, wurde sie von einer Moderatorin entdeckt, die den gleichen Look für sich selbst haben wollte. Nun wissend, dass »Make-up Artist« ein eigenständiger Beruf war, stand McGraths Entschluss fest. In ihren späten Teenagerjahren zog sie nach London, begann, als Visagistin für Bands zu arbeiten sowie für die angesagten Modemagazine *The Face* und *i-D*. Dort lernte sie Edward Enninful kennen, ein brillanter Stylist (und zukünftiger Chefredakteur der britischen *Vogue*), der ihr langjähriger Kompagnon wurde.

Während der Grunge-Ära stellten ihre lebhaften Make-up-Looks einen auffälligen Gegenpol zum hohlwangigen Heroin-Chic der Zeit dar. McGraths Erfolg führte sie zur Zusammenarbeit mit Labels wie Armani, Prada und Miu Miu – und es dauerte nicht lange, bis sie eine der gefragtesten Visagist*innen der Branche war und rund um den Globus flog, um bei Modenschauen und Fotoshootings mitzuwirken. Obwohl sie so legendär ist, dass ihr der britische Ehrentitel der »Dame« zugesprochen wurde, bewahrte sich McGrath ihren unabhängigen Geist und ihre Leidenschaft für ikonoklastische Stile. Ihr Ansatz wurde auf Instagram begeistert angenommen, und eine schönheitsbegeisterte globale Fangemeinde schätzt die limitierten Produkte ihrer Kosmetikmarke Pat McGrath Labs.

Die Cocktail-Hommage an Pat McGrath lebt von einem kräftigen, überschwänglichen Farbton, genau wie viele der herausragenden Make-up-Kreationen der berühmten Visagistin.

120

Alexander McQueen

1969–2010

Die kontroversen kreativen Impulse von Alexander McQueen haben die Modebranche trotz dessen viel zu kurzen Lebens unauslöschlich geprägt.

McQueen wuchs in einem Arbeiterviertel des Londoner East End auf. Schon in jungen Jahren war er sich seiner Homosexualität bewusst und strebte eine Karriere in der Modebranche an (er bezeichnete sich selbst als das »rosa Schaf« seiner Familie). Als er hörte, dass es in den Herren-Maßschneiderein in der Savile Row an Lehrlingen mangelte, nahm er die Sache selbst in die Hand; er klopfte an ein paar Türen und wurde bald selbst als Auzubi angenommen.

Nachdem er einige Jahre in der Schneiderei und dann in der Kostümschneiderei gearbeitet hatte, begann er ein Studium am Central Saint Martins College of Art and Design. Seine Abschlussarbeit »Jack the Ripper Stalks His Victims« beeindruckte die einflussreiche Stylistin Isabella Blow so sehr, dass sie die gesamte Kollektion aufkaufte und McQueens Mentorin und Mäzenin wurde.

Auch nachdem er 1992 sein eigenes Modelabel gegründet hatte, bevorzugte McQueen düstere und dramatische Themen, oft mit historischen Bezügen. Am berüchtigtsten war seine Show »Highland Rape« im Jahr 1995, in der er, inspiriert von seiner schottischen Abstammung, auf die »Highland Clearances« Bezug nahm und absichtlich zerrissene, befleckte Kleidung zeigte. Weniger bedrohlich (aber immer noch umstritten) waren seine »Bumsters«, ein wiederkehrendes Element in seinem Frühwerk – tief sitzende Hosen, die Blick auf den oberen Teil des Pos der Träger*innen freigaben.

Später arbeitete McQueen sowohl für Givenchy als auch für Gucci. Sein wichtigstes kreatives Betätigungsfeld blieb jedoch sein eigenes Label, bei dem er mit Schals mit Totenkopfaufdruck (ein oft kopiertes Motiv) und extremen Designs wie den Gürteltierschuhen, die von Lady Gaga im Musikvideo zu »Bad Romance« getragen wurden, für Furore sorgte.

McQueens Ableben durch Freitod im Alter von 40 Jahren erschütterte die Welt. An der Trauerfeier für ihn nahmen 2500 Menschen teil, darunter Modegrößen wie Kate Moss, Naomi Campbell, Daphne Guinness und Anna Wintour. Bis heute wird sein Name mit ungewöhnlicher Ehrfurcht genannt.

Der von ihm inspirierte Cocktail enthält schottischen Single Malt – und eine ordentliche Portion Nonkonformismus.

Für den Cocktail

1½ Shots schottischer Single Malt
½ Shot Crème de Cassis
½ Shot Zitronensaft, frisch gepresst
Eiswürfel
3 Shots Ginger Beer
Garnitur: Zitronenrad

Alle Zutaten (bis auf das Ginger Beer) in einen mit Eis gefüllten Shaker geben und schütteln. In ein großes, mit Eis gefülltes Rocksglas abseihen, mit dem Ginger Beer auffüllen und garnieren.

Twiggy

geb. 1949

In den späten 1960er-Jahren verpasste eine Jugendliche namens »Twiggy« der Weiblichkeit einen neuen, androgynen Anstrich. Als spindeldürres Model im Teenageralter brach sie mit dem Mainstream-Stil und wurde zum Superstar.

Twiggy, geboren als Lesley Lawson, wuchs im Londoner Vorort Neasden auf, und erhielt von ihren Freund*innen aufgrund ihrer schmächtigen Figur den Spitznamen »Twigs« (»Zweiglein«). Im Alter von 16 stellte sie sich dem berühmten Friseur Leonard of Mayfair als Modell für seine neue Kurzhaarfrisur zur Verfügung. Eine Modejournalistin sah die dabei entstandenen Fotos, und wenig später veröffentlichte der *Daily Express* einen Artikel, in dem Twiggy zum »Face of '66« erklärt wurde.

Obwohl sie nicht wie die Models ihrer Zeit aussah – sie war nur 1,70 groß und hatte einen schmalen Körperbau, der nicht die Sanduhrkurven des damaligen Frauenideals aufwies –, startete ihre Karriere sofort. Ihre knabenhafte, rehäugige Ausstrahlung passte zum Aufkommen der popkulturellen Bewegung »Youthquake«, die den Konservatismus der 1950er-Jahre ablehnte und sich Unabhängigkeit, Individualismus und vor allem Jugendlichkeit auf die Fahnen schrieb. Die grenzüberschreitende Mode dieser Ära – wie Miniröcke und kurze A-Linien-Kleidchen – wurde von der langgliedrigen Twiggy in allen großen Zeitschriften verkörpert. Und als sie nach New York reiste, war dies eine solche Sensation, dass *The New Yorker* ihrem Besuch fast 100 Seiten widmete.

Twiggy trug zwar dazu bei, bestimmte geschlechtsspezifische Erwartungen gegenüber der Damenmode über Bord zu werfen (wie etwa die traditionelle, von Christian Dior in den 1950er-Jahren wieder populär gemachte Wespentaille und den weiten Rock), aber sie wurde auch als Paradebeispiel für die unrealistischen Körpernormen der Gesellschaft angeführt. Sie war sich dessen bewusst und kritisierte Anfang der 2000er-Jahre als Moderatorin von *America's Next Top Model* den Trend zur Size-Zero-Mode, indem sie strenge Diäten anprangerte und sagte: »Ich war sehr dünn, aber das war nur mein natürlicher Körperbau.«

Der Twiggy feiernde Cocktail enthält die wohl aromatischste Art von Zweiglein, die man sich vorstellen kann: Thymian.

Für den Cocktail

2 Shots Tequila Blanco
1 Shot Kirsch-Thymian-Sirup (Seite 16)
1 Shot Limettensaft
1 Prise Salz
Eiswürfel
Garnitur: 1 Zweig frischer Thymian

Alle Zutaten in einen mit Eis gefüllten Shaker geben. Kräftig schütteln, in ein mit Eis gefülltes Rocksglas abseihen und mit Thymian garnieren.

Marlene Dietrich

1901–1992

In einer Zeit, in der von Frauen erwartet wurde, Kleider zu tragen und einen Mann zu ehelichen, hat Marlene Dietrich bewiesen, dass das Leben mehr Spaß macht, wenn man diese Regeln bricht. In Berlin geboren, startete sie in den 1920er-Jahren ihre Karriere als Theater- und Stummfilmdarstellerin. Privat lebte Dietrich ein unkonventionelles Leben, voller Partys, Autos und inmitten einer Clique von homosexuellen besten Freund*innen, die es liebten, sich zu verkleiden. Inspiriert von der Freigeistigkeit ihres gesellschaftlichen Umfelds, ließ sich Dietrich in einer Schneiderei einen Hosenanzug mit Zylinder und Frack anfertigen.

Als sie auch in Hollywood zur Hauptdarstellerin wurde, brachte sie ihren subversiven Look auf die große Leinwand. Neben Gary Cooper spielte Dietrich im Filmdrama *Marokko* eine Kabarettsängerin, die einen Smoking trägt und einer anderen Frau einen leidenschaftlichen Kuss gibt – einer der ersten Lesbenküsse der Filmgeschichte. Die darauffolgende Kontroverse kümmerte Dietrich nicht groß, da sie bereits für viele Affären mit sowohl Männern als auch Frauen bekannt war. Sie zeigte sich ebenso unbeeindruckt von der Aufmerksamkeit, die ihre Stilwahl auf sich zog, und erschien einmal in Paris (wo es für Frauen damals verboten war, Hosen zu tragen) in einem komplett weißen Anzug – und entging selbstbewusst einer Verhaftung durch die Polizei.

In ihren späteren Jahren pflegte Dietrich ihr Image als androgyner Vamp. Die erfolgreiche Kabarett-Ikone war dafür bekannt, dass sie die erste Hälfte ihres Acts in einem freizügigen Kleid und die zweite in Smoking und Zylinder aufführte, Lieder performend, die normalerweise von Männern gesungen wurden.

Es heißt, dass Dietrich ihren Mund durch das Trinken von Zitruscocktails in Form hielt. Dieser zitruslastige, heiße »Toddy«, der ihr gewidmet ist, sorgt garantiert für sinnlich gespitzte Lippen.

Für den Cocktail

½ Shot Honig
2 Shots Rye Whiskey
½ Shot Cointreau
½ Shot Zitronensaft, frisch gepresst
½ Shot Orangensaft, frisch gepresst
Garnitur: Orangentwist

In einem kleinen Kochtopf 180 ml Wasser zum Simmern bringen. Vom Herd nehmen und den Honig einrühren, bis er sich aufgelöst hat. Die anderen Zutaten unterrühren, bis alles gut vermischt ist. In einen Becher gießen und mit dem Orangentwist garnieren.

126

Diet Prada

Tony Liu (geb. 1986)
und Lindsey Schuyler
(geb. 1988)

Nachahmung mag die aufrichtigste Form von Bewunderung sein, aber für kleine Modelabel, deren Bestehen von originellen Ideen abhängt, kann es den Tod bedeuten, wenn große internationale Unternehmen von ihnen abkupfern. Im Jahr 2015, als der Instagram-Account DIET PRADA eröffnet wurde, war es das Ziel der Betreiber, David-gegen-Goliath-ähnlich die Abzocke der Moderiesen über die Sozialen Medien zu entlarven. In den letzten Jahren hat sich die Mission des Accounts auf politische Themen und soziale Gerechtigkeit ausgeweitet.

Die Köpfe hinter DIET PRADA sind Lindsey Schuyler und Tony Liu, zwei aufstrebende Insider*innen der Modebranche, die sich im Rahmen ihrer Arbeit für die Modeschöpferin Eugenia Kim kennenlernten. Sie starteten den Account anonym, aber 2017 wurden ihre Identitäten auf der Website The Fashion Law veröffentlicht. Liu ist Absolvent des School of the Art Institute of Chicago und entwarf eine Zeit lang seine eigene Herrenmodelinie, während Schuyler die Florida State University besuchte und eine Unternehmensberatung betreibt. Am bekanntesten sind die beiden jedoch für DIET PRADA, das sie im Schichtbetrieb betreuen - denn Verantwortungsbewusstsein macht nicht vor der Uhrzeit halt.

Ein typischer DIET-PRADA-Beitrag zeigt Fotos von Originaldesigns und offensichtlichen Kopien, die im Internet für Empörung sorgen – und manchmal auch reale Konsequenzen für die betreffenden Marken haben. Mit kritischem Blick auf die soziale Gerechtigkeit thematisiert der Account mittlerweile auch kulturelle Aneignungen und unsensible Designentscheidungen. Im Jahr 2019 übte DIET PRADA beispielsweise an einer Gucci-Balaclava mit dem Design eines »Blackface« Kritik und veranlasste die Marke, die Sturmmaske aus dem Sortiment zu nehmen. Die Fähigkeit von DIET PRADA, das mittlerweile Millionen von Followern besitzt, Designs aufgrund offensichtlicher Verstöße harte Absagen zu erteilen, hat dazu geführt, dass es von der einflussreichen Website The Business of Fashion als »der am meisten gefürchtete Instagram-Account im Bereich der Mode« bezeichnet wurde.

Der DIET PRADA gewidmete Cocktail kopiert einen Cuba Libre, ergänzt ihn aber um einen Kirsch-Aspekt, was den Drink ... gerade eben anders genug macht.

Für den Cocktail

½ Shot Limettensaft,
frisch gepresst

2 Shots Amber Rum

½ Shot Cherry Heering
(Kirschlikör)

Eiswürfel

4 Shots Cola

Garnitur: Limettenrad

Limettensaft, Rum und Cherry Heering in einen mit Eis gefüllten Shaker geben. Gründlich schütteln und in ein mit Eis gefülltes Collinsglas abseihen. Cola hinzufügen, umrühren und den Drink garnieren.

Christian Dior

1905–1957

Lange Säume, weite Röcke und Wespentaillen: Das waren die Markenzeichen der Designs von Christian Dior. Der legendäre französische Modeschöpfer, der im Zuge der Nachkriegszeit das Bedürfnis hatte, den »Luxus zu verteidigen«, war berühmt dafür, der Mode ultrafeminine Kurven und opulente Materialien zurückzugeben.

Dior wuchs in einer wohlhabenden französischen Familie auf und sollte ursprünglich Diplomat werden, doch künstlerische Freund*innen inspirierten ihn zu einer kreativeren Tätigkeit. Zunächst leitete er eine Kunstgalerie, doch nachdem Diors Krankheit das Unternehmen stark beeinträchtigt hatte, nahm er eine Arbeit als Modeillustrator bei einer Zeitung an. Von der Illustration wechselte er zum Design und fand sich schließlich im Haus von Lucien Lelong wieder, wo er mit einem anderen jungen Designer, Pierre Balmain, zusammenarbeitete. Nach dem Ende des Zweiten Weltkrieges (als die französischen Modehäuser von den Materialbeschränkungen und von der Last befreit waren, für die deutschen Besatzer zu entwerfen), machte er sich selbstständig und eröffnete das Haus Dior.

Schon mit seiner ersten Kollektion im Jahr 1947 veränderte Dior die Ästhetik der damaligen Zeit grundlegend. Als Reaktion auf die Rationierung und Zweckmäßigkeit der Kriegsjahre setzte die Kollektion, die von der einflussreichen Moderedakteurin Carmel Snow als »New Look« bezeichnet wurde, auf feminine Miederwaren und voluminöse Röcke, um Hüften sowie Dekolleté zu betonen. Diese maximalistische Sanduhrform signalisierte eine Rückkehr zum Wohlstand und zu den weiblichen Schönheitsidealen der Vergangenheit. Die Kollektion war eine Sensation, etablierte Dior als »König der Couture« und machte Paris wieder zur Modehauptstadt (nachdem New York auf dem Vormarsch gewesen war). Aufgrund der überwältigenden Popularität von Dior wurden Wespentaillen und weite Röcke zum bestimmenden Stil der 1950er-Jahre. Aber nicht alle waren glücklich darüber; Coco Chanel etwa spottete: »Nur ein Mann, der nie mit einer Frau intim war, kann etwas so Unbequemes entwerfen.«

Der Dior ehrende Cocktail spiegelt die modische Eleganz und Dekadenz der Nachkriegszeit wider.

Für den Cocktail

1 Shot Brandy
1 Shot Amaretto
1 Shot fettreduzierte Sahne
Eiswürfel
Garnitur: Bio-Kirschblüte

Alle Zutaten in einen mit Eis gefüllten Shaker geben. Kräftig schütteln, in eine Cocktailschale abseihen und garnieren.

130

Susie Bubble

geb. 1983

Warum den Modemedien folgen, wenn man selbst Trendsetter*in sein kann? Diese Frage wurde von der bahnbrechenden ersten Generation von Modeblogger*innen beantwortet, darunter Susie Lau, auch bekannt als Susie Bubble.

Lau wuchs im Norden Londons auf und wohnte über der chinesischen Imbissbude, die ihre in Hongkong geborenen Eltern betrieben. Als Kind ließ sie sich von der Straßenmode inspirieren, die sie auf Familienreisen nach Hongkong sah. Sie begann, mit Kleidung zu experimentieren, auch mit kreativen Zwiebellooks, um gegen den Konservatismus ihrer Eltern und der Schule zu rebellieren. Lau erhielt den Spitznamen »Susie Bubble«, da eine Freundin fand, dass Lau immer in ihrer ganz eigenen Welt lebe.

Im Jahr 2006, in der Ära von MySpace und HTML, startete Lau ihren Modeblog Style Bubble. Auf der Website veröffentlicht sie ihre persönlichen Gedanken über Mode, stellt junge oder aufstrebende Designer*innen vor und ist dabei für ihren witzigen, eklektischen Sinn für Stil bekannt. Schon 2010 war ihr Blog ein großer Erfolg, und zu Beginn des Jahrzehnts saßen sie und andere Stil-Blogger*innen wie Bryanboy und Tavi Gevinson bei den Fashion Weeks auf der ganzen Welt in der ersten Reihe, um die starre Hierarchie der Branche aufzumischen und eine Außenseiterperspektive anzubieten. Der Website The Business of Fashion erklärte Lau im Jahr 2011: »Zu sagen: ›Ich brauche keine Publikation, an der ich mich festhalten kann, ich besitze im Grunde eine Publikation‹, war eine große Sache für mich.«

Heute ist Lau nach wie vor eine feste Größe innerhalb der Modewelt, ein beliebtes Motiv bei Streetstyle-Fotograf*innen und Mitarbeiterin bei einer Reihe von Zeitschriften, darunter *Vogue*, *Grazia* und *The Guardian.*

Die Cocktail-Hommage an Lau ist lebhaft und spritzig und enthält einen charismatischen Enzianlikör namens Suze.

Für den Cocktail

1 Shot Lillet Blanc
1 Shot Suze
1 Shot Gin
Eiswürfel
3 Shots Sodawasser
Garnitur: Zitronentwist

Alle Zutaten (bis auf das Soda-wasser) in ein mit Eis gefülltes Rührglas geben und umrühren. In ein mit Eis gefülltes Collins-glas abseihen, mit dem Sodawas-ser auffüllen und garnieren.

132

Grace Jones

geb. 1948

Die fast schon außerirdisch schöne Grace Jones hat mit ihrem androgynen Stil und ihren afro-futuristischen kreativen Referenzen sowohl die Mode- als auch die Musik- und Filmkultur beeinflusst. Mit ihren theatralischen, postapokalyptischen und dezidiert außerhalb des Mainstreams angesiedelten Auftritten hat die Sängerin, Schauspielerin und Performance-Künstlerin die Ästhetik der Disco-Ära maßgebend mitgeprägt.

Die in Jamaika geborene Jones wanderte im frühen Teenageralter mit ihrer Familie nach New York City aus, wo sie bald darauf gegen das Establishment rebellierte, indem sie in Kommunen lebte und als Go-go-Tänzerin arbeitete. Mit 18 Jahren unterschrieb sie ihren ersten Modelvertrag und zog nach Paris, wo »Models of Color« sehr gefragt waren. Dort machten Jones' schlaksige, athletische Statur und ihre markanten, kantigen Gesichtszüge sie zu einer beliebten Laufstegschönheit für Designer*innen wie Yves Saint Laurent, Kenzo und andere.

In Paris wurde Jones (zusammen mit ihren Mitbewohnerinnen Jessica Lange und Jerry Hall) zur Stammkundin in der Szene-Diskothek Le Sept. Bald begann sie, selbst Disco- und New-Wave-Musik aufzunehmen, unterschrieb bei Island Records einen Vertrag und veröffentlichte Alben wie *Nightclubbing* und *Slave to the Rhythm*. Mit ihren extrabreiten Schulterpolstern, ihren markanten Kurzhaarfrisuren und ihren futuristischen Accessoires wurde Jones mit ihren gewagten Auftritten in angesagten Nachtclubs wie dem Studio 54 zur Stilikone. Ab den 1980er-Jahren war sie auch auf der Leinwand präsent, so unter anderem in *James Bond 007 – Im Angesicht des Todes* und anderen Filmen.

Jones' kreative Partnerschaft mit dem französischen Grafikdesigner Jean-Paul Goude, der ihre Live-Shows managte und ihre Musikcover entwarf, führte zu einer Reihe von Bildern, die die visuelle Kultur bis heute beeinflussen (so wurde beispielsweise Kim Kardashians »Break the Internet«-Cover im *Paper Magazin* einem Foto nachempfunden, das Goude in den 1970er-Jahren von Jones aufgenommen hatte). Und Jones' Experimente mit dem androgynen Stil bildeten eine frühe Inspirationsquelle für die genderneutrale Mode der Gegenwart: »Ich bin feminin, ich bin maskulin – ich bin eigentlich beides«, erklärte Jones einmal.

Der Jones feiernde Cocktail besitzt einen futuristischen Lilaton, der von der Superfood-Frucht Açaí herrührt.

Für den Cocktail

2 Shots weißer Rum
1 Shot Zitronensaft, frisch gepresst
½ Shot Einfacher Sirup (Seite 16)
Eiswürfel
Crushed Ice
¾ Shot Açaí-Sirup (Seite 16)
Garnitur: Brombeeren

Rum, Zitronensaft und Sirup in einen mit Eiswürfeln gefüllten Shaker geben und schütteln. In ein mit Crushed Ice gefülltes Rocksglas abseihen. Den Açaí-Sirup über das Eis träufeln und alles mit auf einen goldfarbenen Cocktailspieß gesteckten Brombeeren garnieren.

134

Chloë Sevigny

geb. 1974

Für den Cocktail

1 Würfel brauner Rohrzucker

3 Spritzer Angosturabitter

1 Spritzer Sodawasser

1 Eiskugel (großer Eiswürfel in Kugelform)

2 Shots Mezcal Silver

Garnitur: 1 Stück grob zurecht-geschnittene Limettenschale und 1 Weinbrandkirsche

Den Zuckerwürfel in ein Rocksglas geben und mit Angosturabitter sowie Sodawasser benetzen. Den Zuckerwürfel mit einem Barstößel so zerdrücken, dass der Zucker den Glasboden bedeckt. Die Eis-kugel in das Glas geben, dann den Mezcal, und alles mit Limetten-schale sowie Weinbrandkirsche garnieren.

Das Adjektiv »cool« wurde Chloë Sevigny so oft zugesprochen, dass es sozusagen ihr persönliches Eigentum ist. Als It-Girl, Schauspielerin und ehemaliges Model ist sie seit den frühen 1990er-Jahren eine Stilikone. Sie verblüfft immer wieder mit einem kantigen, sich ständig weiterentwickelnden ästhetisch-kulturellen Image, das sich schwer in Worte fassen lässt und Kritiker*innen immer wieder vor Herausforderungen stellt.

Sevigny wuchs in einer Kleinstadt in Connecticut auf, doch ihr Ruhm ist untrennbar mit New York City verbunden. Als rebellierender Teenager schwänzte sie oft die Schule und fuhr mit der Bahn in die Stadt. Dabei wurde sie 1992 von der Zeitschrift *Sassy* entdeckt, die sie als Model beim *The Teen Magazine* einführte, wo sie schließlich Praktikantin wurde. Sie modelte auch für das von der Musikerin Kim Gordon entworfene Kultlabel X-Girl. Nur wenige Jahre später verfasste der Schriftsteller Jay McInerney einen sie-benseitigen Artikel für *The New Yorker* über Sevigny und bezeichnete sie als »das coolste Mädchen der Welt«. 1995 wurde ihr Gesicht noch berühmter, als sie in dem umstrittenen und mittlerweile legendären Film *Kids* mitwirkte, für den ihr Freund Harmony Korine das Dreh-buch geschrieben hatte.

In den folgenden Jahren erwarb sich Sevigny den Ruf, heraus-fordernde Rollen in unabhängigen, grenzüberschreitenden Filmen zu spielen, von denen einige begeistert aufgenommen wurden (wie *Boys Don't Cry* von Kimberly Peirce), andere aber umstritten waren (wie *The Brown Bunny* von Vincent Gallo). Sevignys eigenwillige, indi-vidualistische Stilentscheidungen machten sie zu einer Trendsetterin, und sie modelte für namhafte Modeschöpfer*innen wie Miu Miu, Louis Vuitton, Chloé und Vivienne Westwood. Sevigny wurde auch selbst zur Designerin, entwarf Kollektionen und arbeitete mit Mode-labels wie Opening Ceremony und Imitation of Christ zusammen. Trotz ihrer Kooperation mit High-End-Marken hat sie immer noch ein Faible für Secondhand-Kleidung: »Ich kaufe immer noch lieber Vintage, als alles für ein Designlabel auszugeben.«

Der Sevigny feiernde Cocktail ist eine Anspielung auf einen Vintage-Klassiker, den Old Fashioned – versehen mit einem sty-lischen, modernen Twist.

Lil Nas X

geb.1999

Mit seiner genreübergreifenden Musik und seinem Stil ist Lil Nas X dabei, den Status quo auf den Kopf zu stellen. Der kometenhafte Aufstieg des jungen US-amerikanischen Queer-Rappers hat gezeigt, dass Kreativität konservative Vorstellungen darüber, wie ein Star sein kann und sollte, schnell umstürzen kann.

Lil Nas X wurde als Montero Lamar Hill in einer kleinen Stadt außerhalb von Atlanta geboren – und nach einem Auto benannt, dem Mitsubishi Montero. Der Sohn eines Gospelsängers begann schon als Teenager, im stillen Kämmerlein Songs zu schreiben und aufzunehmen. Doch die meiste Zeit verbrachte er vor dem Computer, vertiefte sich in das Phänomen der »Meme-Kultur« und machte sich schließlich daran, selbst eine Internet-Berühmtheit zu werden.

2018 gelang ihm der große Wurf, als er ein preiswertes Sample von einem niederländischen Produzenten kaufte und den Country-Rap-Fusion-Song »Old Town Road«, aufnahm. Er erstellte dazu ein Video auf TikTok, in dem er als Cowboy verkleidet zu dem Song tanzte, und das schnell schnell viral um die Welt ging, wobei Millionen von User*innen ihre eigenen ähnlichen Videos erstellten.

Kurz darauf debütierte Lil Nas X bei einem Major-Label und outete sich als homosexuell, wonach er schlagartig zu einem der bekanntesten queeren Künstler avancierte. 2021 veröffentlichte er ein Musikvideo zu seinem Song »Montero (Call Me by Your Name)«, in dem er den Teufel mit einem Lap Dance umgarnt, was christlich-konservative Kreise aufbrachte und im Internet für Furore sorgte. Lil Nas X ließ sich nicht beirren und twitterte: »Ihr liebt es zu sagen, dass wir in die Hölle kommen, aber wenn ich tatsächlich dorthin gehe, dann regt ihr euch auf – LMAO.«

Ein wesentlicher Grund für seinen Ruhm ist sein ikonoklastischer Umgang mit Stil. In den USA haben Schwarze Cowboys eine lange Tradition, wurden aber nicht in gleichem Maße anerkannt wie ihre *weißen* Kollegen. Lil Nas X änderte dies mit seiner eklektisch-futuristischen Western-Kleidung, wie etwa bunt bestickten Nudie-Jeans-Anzügen und leuchtend pinkfarbenen Versace-Cowboy-Outfits.

Der Lil Nas X gewidmete Cocktail ist würzig und subversiv, wie die grandiosen Looks und Songs des Künstlers.

Für den Cocktail

2 Shots weißer Rum

1 Shot Limettensaft, frisch gepresst

¾ Shot Erdbeer-Chili-Sirup (Seite 18)

Eiswürfel

Garnitur: Chilischote

Alle Zutaten in einen mit Eis gefüllten Shaker geben. Kräftig schütteln und in eine Cocktail-schale abseihen. Mit einer in Blütenform zurechtgschnittenen Chilischote garnieren.

138

Biografien

Jennifer Croll verfasst Artikel zu Kultur- und Lifestyle-Themen für diverse Zeitschriften und ist Autorin mehrerer Bücher, darunter *Mode – Eine kurze Geschichte, Cheers, Ladies!, Free the Tipple, Art Boozel, Bad Girls of Fashion* und *Fashion That Changed the World.* Sie lebt im kanadischen Vancouver.

Daiana Ruiz ist Illustratorin und zählt unter anderem *The New York Times, The New Yorker, Vogue, Rolling Stone, VICE* sowie MTV zu ihren Kunden. Ihre Arbeiten wurden in Galerien in aller Welt ausgestellt und sie illustrierte Bücher wie *The Vagina Book* und *Neo Tarot.*

Dank

Jennifer Croll

Eine ganze Reihe von Leuten hat dazu beigetragen, dass dieses Buch so verflixt stilvoll geworden ist. Zunächst möchte ich der hervorragenden Redakteurin Ali Gitlow dafür danken, dieses Buch angenommen zu haben - es hat super viel Spaß gemacht, gemeinsam daran zu arbeiten. Danke an Martha Jay, die auf die Konsistenz geachtet und mir beim Abwiegen von Obst geholfen hat, und an Nina Jua Klein für das modische Design. Daiana Ruiz: Dieses Buch wäre nicht dasselbe ohne deine fantastischen Illustrationen.

Vielen Dank an Katherine Latshaw von Folio Literary, die mir geholfen hat, dieses Buch zu realisieren, und für all ihre umsichtige Beratung.

Ein Cocktailbuch während einer Pandemie zu schreiben, ist eine ganz spezielle Herausforderung: Meine Freund*innen, die meist nur Fotos von diesen Cocktails im Gruppenchat zu sehen bekamen, verdienen eine Auszeichnung für ihre Geduld. Dasselbe gilt für Michael Mann, der wahrscheinlich mehr zum Geschmackstest beigetragen hat, als er eigentlich wollte.

Ich weiß alles zu schätzen, was meine Familie, Freund*innen und Kolleg*innen getan haben, um meinen kleinen Nebenjob zu unterstützen - danke, ich erhebe ein Glas auf euch alle!

Daiana Ruiz

Danke an Ali und Jen, dass sie mich eingeladen haben, dieses Buch zu illustrieren; es war ein Vergnügen, mit so talentierten Frauen zusammenzuarbeiten. Liebe Grüße an meine Freund*innen und meine Familie, die mir während dieses Prozesses zur Seite standen. Und nicht zuletzt danke ich allen, die meine Arbeit jeden Tag unterstützen, und dem Prestel Verlag, der dieses Buch möglich gemacht hat.

© Prestel Verlag, München · London · New York, 2022,
in der Penguin Random House Verlagsgruppe GmbH
Neumarkter Straße 28 · 81673 München

Text © Jennifer Croll, 2022
Illustrationen © Daiana Ruiz, 2022

Die Originalausgabe erschien 2022 unter dem Titel:
Dressed to Swill: Runway-Ready Cocktails Inspired by Fashion Icons

Der Verlag weist ausdrücklich darauf hin, dass im Text enthaltene externe Links
vom Verlag nur bis zum Zeitpunkt der Buchveröffentlichung eingesehen werden
konnten. Auf spätere Veränderungen hat der Verlag keinerlei Einfluss. Eine Haf-
tung des Verlags ist daher ausgeschlossen.

Projektleitung: Ali Gitlow; für die deutsche Ausgabe: Stella Christiansen
Übersetzung: Christine Schnappinger
Lektorat und Satz: VerlagsService Dietmar Schmitz GmbH
Design und Layout: Nina Jua Klein Studio
Herstellung: Steffen Zimmermann
Lithografie: Reproline Mediateam, München
Druck und Bindung: DZS Grafik, d.o.o., Liubljana
Papier: Profibulk

Penguin Random House Verlagsgruppe FSC® N001967

Printed in Slovenia

ISBN 978-3-7913-8819-9

www.prestel.de